KB120950

# 조국 그리고 민정수석실

# 조국 그리고 민정수석실

## 조국의 보좌관이 말하는 못다 한 이야기

**황현선 지음**

메디치

# '검란檢亂'의 결과를 반드시 청산해야 합니다

조국(전 법무부 장관, 전 민정수석)

저자가 보내준 원고를 마주하고 마음이 가볍지 않습니다. 저자 황현선은 문재인 당대표 시절 더불어민주당 혁신위원회에서 처음 만나 호흡을 맞춘 후, 저의 제안으로 청와대 민정수석실에 들어와 힘들고 어려운 일을 묵묵히 살피고 챙겼습니다.

이 책에는 어둠을 걷어낸 국민의 촛불을 희망의 빛으로 밝히기 위한 문재인 정부의 분투가 담겨 있습니다. 문재인 정부는 역대 정부에서 패착을 거듭한 권력기관 개혁, 특히 검찰 개혁을 추진했습니다. 촛불혁명으로 수립된 정부의 의무였습니다. 민정수석실은 바로 이 과제를 담당했던 조직이었습니다.

저자의 말대로 청와대에서 민정수석실은 어디에도 있고, 어디에도 없는 조직이었습니다. 대통령의 뜻과 말이 민정수석실의 과업이었습니다. 매일 몇 상자씩 밀려들어 오는 탄원과 민원 속 국민들이 민정수석실의 주인이었습니다. 민정수석실로 배달된 국민의 소리에는 검찰을 비롯한 권력기관이 늘 등장했습니다. 권력기관의 폐해는 역사의 큰 줄기 속에서

만 존재하는 것이 아니었습니다.

문재인 정부의 민정수석실은 권력 분산과 상호 견제를 통한 국정운영의 정상화, 약자의 희생 위에 선 나라가 아닌 사회권과 자유권이 보장되는 나라를 위해 노력했습니다. 저자는 이 책을 통해 그 이면의 내밀한 이야기를 조목조목 풀어냈습니다. 민정수석실의 지난 시간이 생생하게 기록되어 있습니다. 민주당에서 전략과 실무를 총괄했던 저자의 판단과 분석도 돋보입니다. 민정수석이었던 제가 몰랐던 동료들의 고군분투도 녹아 있습니다. 이 글을 빌려 고맙다는 인사를 꼭 전하고 싶습니다.

문재인 정부 청와대 민정수석실은 권력기관 개혁의 시작과 끝을 책임졌습니다. 이후에도 개혁이 지속되길 희망했지만, 윤석열 정부가 민정수석실 자체를 없애버렸으니 끝이 나고 말았습니다. 이로 인해 윤석열 대통령이 후보 시절부터 부르짖었던 '공정'과 '상식'은 자취를 감춘 지 오래입니다. 그래서 더 우리는 저자가 낱낱이 밝혀놓은 '검란'의 결과를 반드시 청산해야 합니다.

문장마다 저자의 날카로운 지적과 비판, 또 분노와 울분이 서려 있지만 "다시 시작"이라는 저자의 말을 새겨봅니다. 동지 황현선이 비춰놓은 시간의 거울을 들고 저 역시 '길 없는 길'을 가겠습니다. 법치와 민주가 바로 서는 대한민국을 위해서입니다.

## 기억을 넘어선 검찰개혁을 향한 기록

이광철(변호사, 문재인 정부 청와대 민정비서관)

이 책에는 조국 민정수석을 중심으로 권력기관 개혁 과제를 하나씩 수행해가던 찬란한 시간과 조국 수석이 법무부 장관으로 지명된 이후의 괴롭고 쓰라린 시간이 충실하게 기록되어 있다. 따라서 문재인 정부 시절의 역사적 사료로 손색이 없다.

2017년 6월부터 2019년 1월까지 나는 민정비서관실 선임행정관으로, 저자는 민정수석 보좌관으로 약 1년 8개월을 같이 일했다. 저자는 비유하자면 낭중지추囊中之錐 같은 존재였다. 어떤 상황에서도 그 상황에 대한 분석과 대응 방안이 머릿속에 서 있었다. 더할 것도 뺄 것도 없어, 같이 일하면서 많이 배웠다. 그런 그답게 기억을 복원하는 과정에서 나를 아주 많이 괴롭혔다! 덕분에 쓰라렸던 과거의 시간을 나름대로 정리·분석하면서 회고할 수 있었다.

역사에 공짜는 없다. 어떤 현상의 이면에는 반드시 원인이 있을 것이고, 어긋난 일은 반드시 제자리를 잡아나간다. 사필귀정의 상식은 개인적인 희망이 아니라 역사의 필연 법칙이라 믿는다. 이 책이 사필귀정의 상식을 실현하는 데 하나의 디딤돌이 될 수 있는 기록으로 평가받기를 진심으로 바란다. 검찰개혁은 사필귀정, 역사의 길이다.

　　　　　　　　　　　　　　　조국 그리고 민정수석실

# 미완의 개혁과 조국의 아픔을 꾹꾹 눌러쓰다

권용일(변호사, 문재인 정부 청와대 공직기강비서관실 선임행정관,

인사비서관)

이 책은 문재인 정부의 권력기관 개혁과 국정운영에 대한 역사적 기록이다. 저자는 미완의 개혁이라는 현실, 조국 수석에 대한 가슴 아픈 회한의 감정을 한 글자 한 글자 꾹꾹 눌러쓴 기록을 남겼다.

저자는 매사 뜨거운 열정과 냉정한 시선으로 현안을 분석하고 의견을 개진했다. 우리 사회 공동체가 추구해야 할 가치 지향점을 잃지 않으면서도 현실의 한계를 분명히 인식하고 가능한 한 대안을 찾고자 노력하는 모습이 인상적이었다.

이 책을 통해 문재인 정부 초기 청와대 구성원들이 대통령의 국정운영 방향을 구현하기 위한 정책을 어떻게 구상하고 만들었는지, '권력기관 개혁'이라는 정책 구현 과정에서 얼마나 치열하게 살아갔는지 엿볼 수 있다.

지난 20대 대선 결과 윤석열 정부의 출범으로 문재인 정부가 구현하고자 했던 권력기관 개혁, 특히 검찰개혁의 제도화가 무위로 돌아갔다고 평가하는 분들이 많다. 그러나 문재인 정부가 뿌린 많은 개혁 과제의 씨앗들이 온갖 풍파 속에서도 견실히 살아남아 큰 숲을 이루고 꽃이 만개할 것이다. 그날을 믿어 의심치 않는다. 국민이 그렇게 만들 것이다. 저자

역시 자신이 있어야 할 자리에서 그 역할을 충실히 할 것이다. 늘 그러했듯이.

## 우리가 반드시 검찰개혁을 해야 하는 이유

이원구(변호사, 문재인 정부 청와대 반부패비서관)

저자와 함께 여민관에서 동고동락했던 기억이 새롭다. 이 책에는 조국 수석을 비롯한 민정수석실 사람들의 권력기관 개혁을 위한 고군분투와 그 성취의 기록이 담겨 있다. 그러나 한편으로는 조국 가족에 대한 정치 검찰의 무자비한 수사와 기소, 그리고 결국 그가 법무부 장관직에서 사퇴하게 되는 회한의 역사도 고스란히 담겨 있다.

그런 면에서 이 책은 검찰개혁을 추진하다 검찰의 난을 몸소 경험한 조국 수석과 저자의 쓰라린 반성이 담긴 징비록이자 윤석열 정치 검찰에 대한 비망록이기도 하다. 저자와 함께 저자가 기록한 길을 걷다 보면 정치 검찰의 적나라한 모습과 문재인 정부가 추진한 검찰개혁의 아쉬운 대목과도 마주치게 될 터이지만, 그 여정 내내 검찰개혁을 향한 저자의 의지를 확인할 수 있다. 검찰개혁에 관심이 있는 독자들에게 이 책을 추천하고 일독을 권한다.

# 개혁을 매조지기 위한 저자의 열정

정영태(변호사, 문재인 정부 청와대 법무비서관실 선임행정관)

이명박, 박근혜 정권 시기의 검찰·경찰·국정원의 난맥상은 대통령 탄핵이라는 초유의 사태를 초래했습니다. 당연히 권력기관 개혁은 시대의 요구였습니다. 이를 위해 문재인 정부는 출범하자마자 민정수석실을 중심으로 공수처 설치, 검·경 수사권 조정, 국정원 개편 등 굵직굵직한 일을 추진했습니다. 이 책은 바로 그 일에 대한 기록입니다.

누구는 실패한 이의 넋두리로 읽을 수도 있지만, 그때를 복기하며 미래를 향해 뛰는 저자의 뜻을 알기에 이 책이 실패의 기록으로만 남지 않으리라 믿습니다.

권력기관 개혁을 위한 일련의 노력, 특히 검찰개혁 부분은 검찰 공화국이 된 현재 상황으로 인해 비판이 있을 수밖에 없습니다. 그러나 과거와 현재가 끝은 아니기에 과거와 현재는 기록되어야 하며, 그 기록을 바탕으로 개혁은 반드시 완성되어야 합니다. 이 책이 개혁을 향한 시작점 가운데 하나가 되기를, 그리고 저자와 같은 열정이 모여 개혁 과제들이 깔끔하게 매조지기를 진심으로 기원합니다.

# 검·언 유착 언론들이 침묵한 역사의 증거

김미경(변호사, 문재인 정부 청와대 균형인사비서관,

조국 전 법무부 장관 정책보좌관)

황현선 보좌관이 용기 있게 지난 시간을 다시 마주해 세상에 이야기를 풀어냈습니다. 저자는 '민정수석실 운영 원칙'을 세우고, 민정수석실과 각 비서관실이 칸막이 없이 서로 협력하며 국정과제를 실행할 수 있도록 보좌관으로서 교량 역할에 성심성의를 다했습니다. 무엇보다 그에게서 사심 없이 국민에게 이익이 되도록 정책과 정치를 고민하는 진심과 열정을 보았습니다.

진짜 황현선을 만난 것은 민정수석실이 아닌 그 이후의 시간이었습니다. 조국 수석이 '조국 사냥'으로 언론의 난도질 수모를 당할 때도, 장관직에서 물러나 사인으로 지난 4년여간 수사와 재판을 받는 동안에도, 그는 한결같이 조국 수석의 곁을 지켰습니다. 조국 수석도 저자에게 큰 힘을 얻었겠지만, 부족한 제게도 숨통이 되어주었습니다.

저자가 서 있던 자리가 조국 민정수석의 바로 옆이었기에, 이 책은 윤석열 검찰 쿠데타의 산 역사의 증거이기도 합니다. 검·언 유착으로 당시 언론에서는 전혀 들을 수 없었던 이야기들이지만 저자가 용기 있게 들려주는 이 살아 있는 역사를 많은 분이 만날 수 있으면 좋겠습니다.

10                                          조국 그리고 민정수석실

## '조국'은 검찰개혁의 살아 있는 상징입니다

저는 조국 민정수석의 첫 번째 보좌관이었습니다. 또 자연인 조국의 마지막 보좌관을 자청하기도 했습니다. '조국의 첫 보좌관', 저에게 매우 영광스러운 일이었습니다.

조국 수석의 보좌관으로 청와대에서 일할 때 하루가 어떻게 지나가는지 모를 정도로 정신이 없었습니다. 매일 아침 조 수석과의 차담으로 하루를 시작했습니다. 아침 차담은 제가 2019년 청와대를 나오는 마지막 날까지 하루도 거르지 않았습니다. 조국은 약속과 원칙을 지키는 상사였습니다.

저와 조국의 인연은 2015년 새정치민주연합 혁신위원회가 그 시작입니다. 혁신위원회 활동이 마무리되고 그 인연이 다시 닿을 일은 없다고 생각했습니다. 2017년 더불어민주당 문재인 후보가 대선에서 승리한 후 청와대에서 우리 인연은 다시 시작되었습니다. 청와대를 나온 후에는 각자의 삶을 살며 청와대 옛 보좌관으로 수석님을 뵙겠구나 싶었습니다. 하지만 조국 사태로 인해 우리의 인연은 다시 시작됐습니다. 조국 수석이 법무부 장관에 지명되어 멸문에 가까운 상황에 이르지 않았다면 그는 서울대 교수로, 저는 평범한 시민으로 노후를 준비하며 살고 있었을 것입니다. 슬프게도 평범한 내

일은 무너지고 오늘에 이르렀습니다.

촛불혁명으로 탄생한 문재인 정부는 김대중 정부와 노무현 정부를 계승한 세 번째 '민주정부'였습니다. 문재인 대통령은 권력기관을 완전히 독립시키고 그 어떤 기관도 무소불위의 권력을 행사할 수 없도록 하겠다고 선언했습니다. 권력기관 개혁은 문재인 정부의 최우선 국정과제였습니다.

이 일을 맡아서 추진했던 곳이 청와대 민정수석실입니다. 민정수석실의 본래 임무는 국정 관련 여론 수렴, 고위 공직자의 복무 동향 점검과 부패 근절, 국민 권익 증진, 대통령 친인척 관리 등 대통령의 국정운영을 위한 핵심적이고 민감한 사안들을 맡는 부서였습니다. 이런 이유로 민정수석실은 청와대에서 대표적인 '3D'(Dirty, Difficult, Dangerous) 부서였습니다. 문재인 정부의 민정수석실은 이런 기본 업무들을 수행하면서 권력기관 개혁을 입안하고 조정하는 역할도 부여받았습니다.

저는 조국 민정수석의 민정수석실 선임행정관으로 일했습니다. 민정수석은 대통령을 보좌하는 수석비서관 중 한 명으로 차관급 정무직공무원입니다. 민정수석 산하에는 민정비서관, 반부패비서관, 공직기강비서관, 법무비서관이 있고, 몇 명의 선임행정관과 행정관, 행정요원 들이 있습니다.

행정부 내의 각종 사정기관과 소통하는 것도 민정수석의 소관 업무라서 역대 정부의 민정수석은 대부분 검찰 출신

조국 그리고 민정수석실

이었습니다. 특히 권위주의 정부에서는 예외 없이 고위직 검사가 민정수석에 임명되었습니다. 반면 김대중 정부에서는 비검찰 출신이 초대 민정수석으로 기용되었고, 이후 노무현 정부에서 검찰 출신 민정수석은 단 한 명뿐이었습니다. 문재인 대통령은 초대 민정수석으로 조국 서울대 법학전문대학원 교수를 임명했습니다. 검찰의 정치적 독립을 보장하고 검찰을 개혁하기 위해서였습니다. 문재인 대통령은 과거 정부들과 달리 민정수석실이 검찰 수사에 개입하는 것을 엄금하셨습니다. 개혁의 대상에게 꼬투리 잡히지 말라는 뜻이었습니다.

하지만 문재인 대통령이 임명한 검찰총장 윤석열은 검찰 권력을 사유화하고, 대통령이 '검찰 사무의 최고 감독자'인 법무부 장관으로 지명한 조국 장관 후보자와 그 가족을 도륙했습니다. 불법적인 수사권·기소권 남용과 검·언 유착으로 여론을 조작하고 분열을 선동한 끝에, 윤석열은 대통령이 되었습니다. 총성이 울려야만 쿠데타가 아닙니다. 검찰 쿠데타, 이른바 검란의 결과가 바로 오늘입니다.

민정수석은 장관보다 아래인 차관급 공무원입니다. 누군가를 호칭할 때 그가 역임한 직책 중 가장 높은 직위로 부르는 것이 예의이자 관행이지만, 저는 지금도 조국 전 장관을 제가 청와대에서 모셨던 시절의 직책인 '수석님'으로 부릅니다. 조국 수석은 검찰개혁의 소명을 위해 대한민국 제66대

법무부 장관직을 수락한 대가로 모든 것을 잃었습니다. 마지막 보좌관으로서 조국 장관의 멸문과 도륙은 지켜보는 것만으로도 고통스러웠습니다. 조국 수석에게 장관 직함은 영광이 아니라 상처뿐이라고 생각했습니다. 그래서 저는 지금도 그를 '수석님'이라고 부릅니다.

이 책은 제가 겪고 목격한 '조국 수석의 못다 한 이야기'를 담고 있습니다. 민정수석실 선임행정관으로서 권력기관 개혁에 참여했던 과정, 조국 민정수석이 법무부 장관 후보자로 지명된 직후부터 그와 그의 가족이 감당해온 온갖 수모와 고난, 무도한 윤석열 검찰이 자행한 악행들, 검찰 쿠데타에 대해 낱낱이 기록하고자 노력했습니다.

민정수석실에서 같이 일한 동료들과는 이미 오래전부터 '민정수석실의 기록'을 남겨야 한다고 이야기했습니다. 문재인 정부 초기 민정수석실, 조국 사태가 벌어진 당시 청와대, 그리고 온 국민이 둘로 갈라졌던 조국 사태의 배경, 권력기관 개혁에 대한 저항을 꼭 기록으로 남겨야 한다고 함께 다짐하곤 했습니다. 하지만 이번 책에 온전히 담아내지 못했습니다. 오늘도 검란의 결과가 흐르고 있기에 시간이 더 필요한 일들, 밝혀져야 할 진실이 있어서입니다.

막상 글쓰기를 시작하고 보니 현실적인 제약이 많았습니다. 제가 경험한 대부분의 일은 공무상 취득한 기밀에 해당합니다. 윤석열 정권의 정치 보복성 수사와 기소로 재판을 받고 있는 분들도 있기에 제 글이 꼬투리가 되지 않도록 '자기 검열'을 했습니다.

이 책은 제가 지금 정리할 수 있는 만큼 기록한 것입니다. 더 이상 검찰 독재 정권에 대한 저항을 미루면 안 되기에, 다시 국민이 주인인 나라를 만들고자 분투하는 분들께 작은 힘이나마 보태보고자 용기를 냈습니다.

글을 쓰는 과정에서 부족한 기억을 보완하기 위해 청와대 동료들에게 많은 도움을 받았습니다. 졸고를 감수하고 자문해준 분들도 여럿 계시는데, 성함을 밝히면 행여 누가 될까 염려되어 거명하지 않습니다. 거친 글을 읽기 좋은 책으로 엮은 메디치미디어 관계자 여러분에게도 감사드립니다.

2024년 2월 전주에서

황현선

# 차례

1부　민정수석실 이야기

# 민정수석실 선임행정관이 되다

"민정수석은 수사 지휘를 해서는 안 됩니다!"

문재인 대통령은 취임 첫날인 2017년 5월 10일 이낙연 전라남도지사를 국무총리 후보로 지명하고 임종석 비서실장을 임명했다. 다음 날인 5월 11일에는 청와대 수석비서관들을 임명했다. 조국 서울대 교수가 민정수석, 조현옥 이화여대 교수가 인사수석, 윤영찬 전 네이버 부사장이 국민소통수석에 임명됐다. 이들 중 가장 주목받았던 인물은 단연 조국 민정수석이었다.

민정수석이 그만큼 막중한 직위이기 때문이기도 했고 조국 교수 본인의 개혁 성향 때문이기도 했다. 청와대 춘추관에서 수석비서관 인사를 발표한 임종석 비서실장은 "조국 교수가 원칙주의·개혁주의자이고, 문 대통령의 강력한 검찰개

혁 의지를 확고히 뒷받침할 적임자로 판단했다"고 밝혔다. 조
국 교수 본인도 "그동안 검찰이 막강한 권력을 엄정하게 사용
해왔는지 국민적 의문이 있다. 권력기관 개혁에 대한 대통령
의 확고한 구상을 충실히 보좌하겠다"고 의지를 밝혔다.

차관급 정무직공무원인 민정수석은 민정비서관, 반부패
비서관, 공직기강비서관, 법무비서관을 통솔하며 국정 관련
여론을 수렴하고 고위 공직자의 복무 동향을 점검하는 등 공
직기강 확립과 부패 근절, 국민권익 증진, 대통령 친인척 관
리 등의 업무를 담당한다. 공직기강을 바로잡고 고위 공무원
들의 인사 검증을 책임지는 자리라서 역대 정부에서는 실세
중 실세로 꼽혔다. 박근혜 정권 국정농단의 중심에 있었던 우
병우가 대표적인 사례다.

행정부 내 각종 사정司正기관들과 소통하는 것도 민정수
석의 소관 업무라서 역대 정부의 민정수석 중에는 검찰 출신
이 많았다. 문민정부, 국민의 정부, 이명박 정부, 박근혜 정부
를 통틀어 검찰 출신이 아닌 사람은 김대중 정부의 김성재 수
석 단 한 사람뿐이다. 반면에 검찰의 정치적 중립 보장을 천
명한 참여정부에서는 박정규 수석 단 한 명만이 검찰 출신이
었다.

조국 민정수석 임명 당일 기자들과의 질의응답이 있었
다. 이 자리에서 조국 수석은 "검찰개혁은 검찰을 엉망으로
만드는 게 아니라 검찰의 독립을 보장해주는 것"이라고 밝혔

문재인 정부 청와대 민정수석실 조직도

대통령

비서실장

정무수석    국민소통수석    시민사회수석    인사수석

민정수석

**민정비서관**
• 여론 수렴 및
  민심 동향 파악
• 대통령 친인척,
  특수 관계인 관리

**반부패비서관**
**(특별감찰반)**
• 반부패 정책의 수립,
  추진, 점검 등을 총괄

**공직기강비서관**
• 고위 공직자 인사 검증

**법무비서관**
• 대통령 법률 자문 업무

다. 검찰개혁의 시간표를 묻는 질문에는 "내년 6월 지방선거
전에 다 해야 한다"고 답했다.

어느 기자가 물었다. "과거에는 민정수석이 검찰의 수사
지휘나 그런 측면에서 원활하게 소통했던 것으로 알고 있는
데, 수사 지휘 부분을 어디까지 하실 겁니까?" 조국 수석은 짧
고 단호하게 대답했다. "민정수석은 수사 지휘를 해서는 안
됩니다!" 오래전부터 일관되게 강력한 검찰개혁을 주창해온
법학자다운 답변이었다.

그가 법무부와 검찰을 관장하는 청와대 민정수석에 임
명된 당일, 김수남 검찰총장이 사퇴했다. 아직 임기가 6개월
이나 남은 상황이었다. 김 총장은 검찰 출입 기자들에게 보낸
문자메시지에서 "박 전 대통령 수사도 마무리됐고 대선도 무

사히 종료돼 새 대통령이 취임했다. 저의 소임을 마쳤다고 생각돼 사의를 표명했다"고 밝혔다. 검찰은 김 총장의 사퇴가 조 수석 임명 등 새 정부의 검찰개혁과는 관련 없다고 밝혔지만, 아무도 믿지 않았다.

## 조국 민정수석의 보좌관으로

문재인 대통령선거 캠프에서 전략기획팀장으로 선거를 치른 후, 나는 다시 더불어민주당으로 복귀했다. 대선 캠프에서 활동했던 동료 중 일부는 청와대에 들어가 대통령을 보좌하기로 했다는 소식이 들려왔다. 나도 그러고 싶은 마음이 없지는 않았지만, 평소에 입바른 소리 잘하고 이른바 '실세'에게 줄선 적 없으니 나를 부를 일은 없을 것 같았다.

조국 교수의 민정수석 임명 소식을 듣고 축하한다는 문자메시지를 보냈더니 조 수석이 전화해 나의 안부를 물으며 청와대에 들어와 일해볼 의향이 있는지 물었다. "당의 상근 당직자는 당 사무총장에게 청와대 근무 추천을 정식으로 신청해야 한다"고 대답했더니, 조 수석은 "그럼 얼른 신청하라"고 했다. 당에 청와대 근무를 신청하고 얼마 뒤 조 수석에게서 다시 전화가 왔다. "총무비서관실에서 연락이 갈 겁니다."

조국 수석과는 2015년 새정치민주연합 혁신위원회에서 처음 같이 일을 했다. 나는 혁신위원회 실무를 총괄했던 만큼

조국 그리고 민정수석실

혁신위원들과 가까울 수밖에 없었다. 조국은 진보적이고 강단 있는 사람으로, 당시에도 그에 대한 신뢰가 컸고 서로 마음이 잘 맞았다. 2017년 문재인 정부 출범 직후에 조국 민정수석이 나를 청와대 민정수석실로 불렀던 것도 혁신위원회 활동 과정에서 지켜본 나의 정무적 판단력과 업무 처리 능력 때문이었다고 한다. 나로서는 운명적인 만남이었던 셈이다.

청와대 근무를 신청하고 보름쯤 지난 6월 1일 오후 총무비서관실 국장에게서 "내일 오전 9시에 연풍문으로 오십시오"라는 연락을 받고 다음 날 약속 장소로 갔다. 인솔자가 나와서 청와대 참모들이 근무하는 건물인 여민관으로 안내했다. TV 화면에 나오는 웅장한 청와대 정문은 대통령과 외국 정상, 국무위원 등 극소수만 사용하는 문이다. 청와대 참모들은 동쪽에 있는 연풍문이나 서쪽에 있는 시화문으로 출입했다.

연풍문은 청와대 비서실 직원들의 출입 통로이자 방문객 면회실이다. 예전에는 '북악안내실'이었는데, 이명박 정부 시절에 낡고 좁은 건물을 헐고 그 자리에 지상 2층, 지하 1층 규모로 건물을 새로 짓고 그 출입문을 연풍문이라 이름 붙인 것이다. 연풍문과 시화문의 이름은 '시화연풍時和年豊'(나라가 화평하고 해마다 풍년이 든다)에서 따온 것이다. 경호동과 가까운 시화문은 주로 경호관들이 이용하고 비서실이 있는 여민관 옆의 연풍문은 청와대 참모들이 주로 사용했다.

청와대 참모들이 일하는 여민관은 《맹자》에 나오는 구

절인 "여민동락與民同樂"에서 따온 것으로 '백성과 즐거움을 함께한다'라는 뜻이다. 노무현 대통령이 붙인 이름인데, 이명박 정부 시절에 '위민관'으로 바꾸었던 것을 문재인 대통령이 다시 여민관으로 바꾸었다.

비서동인 여민관은 예상했던 것보다 훨씬 낡은 건물이었다. 특히 민정수석실이 있던 여민2관은 1968년에 지어진 건물이었다. 복도는 어두웠고, 사무실 출입문은 학창 시절에나 봤던 나무문이었다. 낡은 건물 안팎에 비치된 오래된 사무용 책상과 의자도 낯설었다. 낯선 풍경이라서 더 긴장됐다.

'민정수석 조국'이라는 팻말이 달린 나무문을 지나 그 안에 있는 유리문을 열고 들어갔더니 조국 수석이 예의 그 환한 웃음으로 반겨주었다. 긴장이 풀리고 안도감이 밀려왔다. 그날 민정수석 집무실 창으로 쏟아지던 눈부신 햇살이 지금도 기억난다. 하지만 그것도 잠시, 조국 수석의 첫 마디는 냉랭하게 느껴질 만큼 사무적이었다.

"같이 일하게 되어 반갑습니다. 아직 어떤 일을 할지는 정해지지 않았습니다. 업무가 배정될 때까지 민정비서관실에서 기다리십시오." 그게 다였다. 짧은 인사를 하고 돌아 나오며 '뭐지, 나를 왜 부른 거지? 아직 임용이 확정된 게 아닌가?' 청와대에서 일을 못 하게 될 수도 있겠다는 생각이 들었다.

나보다 먼저 민정수석실에 들어와 있는 사람은 몇 안 됐다. 백원우 민정비서관, 박형철 반부패비서관, 김형연 법무비서관, 이광철 선임행정관, 권용일 선임행정관, 그 밖에 행정관 몇 명뿐이었다. 문재인 대통령의 임기가 당선이 확정되자마자 시작된 탓에 청와대 안에는 박근혜 정부 당시 각 부처에서 파견 나온 공무원들이 상당수 남아 있었다. 2017년 초에 소속 부처로 복귀할 예정이었지만, 탄핵 국면에서 오도 가도 못 하고 어정쩡하게 남아 있던 '늘공'들이었다. 자신들이 소속 부처에서 잊히거나 버림받았다고 생각하는 사람들도 있었다. 그들과의 '불편한 동거'는 한동안 계속되었다.

출근은 했지만 곧바로 정식 임용된 것은 아니었다. 인수위원회 과정이 없었으니 대통령비서실 직원 대부분이 임용을 위한 사전 검증 과정을 거치지 못했고 '선 근무 후 발령'으로 업무를 시작할 수밖에 없었다. 미임용 상태이니 당연히 신분증이 발급되지 않아 임시 출입증을 달고 출퇴근했다. 정식 발령까지 한 달쯤 걸렸다. 그나마 나는 더불어민주당 당직자 출신이라서 발령이 빠른 편이었다. 청와대에 처음 들어가고 난 첫 일주일 정도는 보직 없이 민정수석실 업무 파악만 하고 있었다. 보직이 없으니 책상과 업무용 PC도 없었다. 문서 작업을 해야 할 때면 컴퓨터를 쓸 수 있는 곳을 찾아 전전해야 했다.

그렇게 일주일쯤 지난 후 조국 수석에게서 "내일 출근하는 대로 수석실로 오세요"라는 문자메시지를 받았다. 당시 민정수석실 내부에서는 민정수석실 별정직 행정관 자리가 다

차서 우리 중 한 명은 다른 곳으로 가야 한다는 소문이 돌고 있던 때였다. '내가 나가야 하는 건가? 그래서 출근하자마자 오라는 건가?' 불길한 생각에 밤새 뒤척거리다가 출근했다. 애써 평온을 유지하고 수석실로 갔다. 평소 온화한 조국 수석의 표정이 그날따라 달라 보였다. 의연하게 받아들여야겠다고 마음먹고 자리에 앉았다.

내심 잔뜩 긴장하고 있는데 조국 수석이 입을 열었다. "제 보좌관으로 일해줬으면 합니다. 역대 정부에서 민정수석의 보좌관은 주로 검찰에서 파견된 사무관급 공무원이 맡아서 수석의 일정 관리나 수행 등을 해왔는데, 황 국장이 제 보좌관을 맡아줬으면 합니다." 조 수석은 덧붙여 개인 수행은 필요 없으니 일을 찾아서 해야 한다고 주문했다. 차분하고 사무적으로 말했지만 많이 미안해하는 것이 느껴졌다. 더불어민주당 전략기획국장 출신 별정 3급 행정관에게 검찰 사무관(5급 공무원)이 하던 일을 부탁해서 그랬을 것이다.

나도 내심으로는 좀 더 중요한 업무를 하고 싶은 욕심도 있었지만, 새정치민주연합 혁신위원회에서 부드러운 리더십과 명석함을 보였던 그를 가장 가까이에서 지켜보며 함께한다는 것에 더 마음이 끌렸다. 흔쾌히 수락했다. 우병우, 최재경 등 박근혜 정부 시절 민정수석들의 비서였던 사람한테 업무를 인수하고 곧바로 민정수석비서관의 보좌관 업무를 시작했다.

조국 그리고 민정수석실

청와대 각 수석비서관의 임무는 국정 최고 책임자인 대통령이 상황을 정확하게 파악하고 그 대응 방안을 마련할 수 있도록 대통령을 보좌하는 것이다. 각 수석비서관은 대통령의 등청登廳(출근) 시간인 오전 9시 이전에 전날 발생한 국정의 주요 현안과 당일 예정된 사안들을 정리하고, 그 사안의 핵심 내용뿐 아니라 국회와 언론, 시민단체의 반응에 대한 대응 방향을 마련해야 한다. 대통령이 등청하면 바로 보고하고 질문에 답변한 후 대통령의 지침을 받아야 한다.

그러니 수석비서관의 보좌관인 나는 당연히 새벽에 출근해야 했다. 출근 시간은 새벽 6시였다. 긴급하고 돌발적인 사안이 발생했을 때를 제외하고, 청와대 업무 중 가장 분주하고 긴장감 있는 시간대가 바로 새벽이다. 토요일을 제외하고 주 6일 근무를 하다 보니 청와대 '직장 생활'은 체력과 정신력이 뒷받침되지 않으면 쉽지 않았다. 매일 아침 각 비서관실의 각종 보고서와 민정수석실 관련 언론 기사를 점검하는 것으로 나의 일과가 시작됐다. 선임행정관이 고작 이런 일을 하나 싶을 수도 있지만, 대통령과 조국 수석의 아침 상황 점검 회의를 위해서는 그 무엇보다 중요한 업무였다.

나는 조국 수석보다 한 시간 먼저 출근해 현안을 파악하고 빠른 판단으로 대책까지 세워놓아야 했다. 온 신경이 곤두서는 전쟁 같은 시간이었다. 나뿐만 아니라 모두 그랬다. 해당 비서관실에 자료를 요구하고, 자료 준비가 어려울 경우 구두 보고를 꼭 받았다. 문제가 되는 사안에 대하여 대통령이 어느 부분에 의문점을 가지고 있고 어떤 문제의식을 가지고 계실지, 그리고 이에 대한 적확한 답을 드리기 위해서는 무엇보다 정확한 상황 파악이 필수적이었다. 조국 수석이 대통령을 충실하게 보좌할 수 있도록 나의 새벽은 늘 긴장과 긴박의 연속이었다.

조국 수석은 아무리 늦어도 오전 7시 30분이면 어김없이 광화문에 있는 커피숍에 들러 커피와 빵을 사 들고 사무실에 나타났다. 아침 현안 관련 보고 회의는 비교적 자유로운 분위기에서 이루어졌다. 조 수석은 커피와 빵으로 아침을 해결하고, 나도 커피를 마시며 기탄없이 생각을 전하곤 했다. 사실 조 수석은 내가 전쟁 같은 시간을 보내는 동안 집에서 언론 보도를 보고 오는 경우가 많았다. 그리고 사안에 대하여 궁금한 것은 직접 담당 행정관에게 연락하여 미리 상황을 파악하고 오는 일도 많았다. 조 수석과 나 둘 다 주요 사안에 대한 상황 파악이 되어 있는 날은 더 밀도 높은 회의를 진행할 수 있었고, 대응 방안 역시 더 충실하게 마련할 수 있었다.

근무 초기에는 언론 스크랩을 다 보는 것조차 벅찼지만 얼마 지나지 않아 익숙해지면서 언론 보도에 관한 아이디어를 내기 시작했다. 사실 언론에 보도된 정보들은 대부분 수석

조국 그리고 민정수석실

에게 이미 보고된 것들이다 보니 나는 수석에게 보고된 정보의 배경과 맥락에 대해 더 알아보고 판단해야 했다. 알려진 정보 외에 청와대 내부에서 수면 위로 드러나지 않은 일을 찾아내 보고하고, 민정수석실이 개입할 일이 없도록 사전에 예방해야 했다. 민정수석실이 개입하는 순간 조사·감찰로 이어져야 하기 때문이다. 이렇다 보니 청와대 내에서도 민정수석실은 대놓고 경계하는 조직이었다. 민정수석실 사람들의 숙명이었다.

조국 수석은 평생 학자로 살아왔지만 민정수석실 업무 특성을 바로 파악했다. 불과 한 시간 남짓 이뤄지는 나의 보고에도 바로 적응하고, 의사결정도 매우 빠른 상사였다. 서로 표현한 적은 없지만 궁합이 잘 맞는 상사와 부하 직원이었다.

# 민정수석 보좌관의 역할

수석님 밥 당번

처음 민정수석실 근무를 시작했을 때, 조국 수석은 점심시간에 혼자 나갔다가 한참 지나서 들어오곤 했다.

"수석님, 어디 다녀오시나요?"

"구내식당에 다녀오는 길입니다."

"왜 혼자 다녀오셨어요?"

"황 국장도 개인적인 점심 약속이 있을 것 같아 불편하게 하지 않으려고 혼자 먹었습니다."

"수석님께서 업무에 집중하실 수 있도록 보좌하는 것이 제 일입니다. 잘 보좌하기 위해서는 수석님의 뜻을 잘 알아야 하는데 워낙 업무가 바쁘셔서 의중을 들을 기회가 없어서 걱정입니다. 앞으로 점심 약속이 없으시면 식사를 저랑 같이 하시는 게 좋겠습니다. 그리고 수석님께서 혼자 구내식당에서 식사를 하시면 제가 수석님을 소홀히 모신다고 욕먹습니다. 혼자 점심 드시러 가시는 것은 저를 도와주시는 것이 아니라 '나쁜 보좌관'을 만드시는 것입니다."

그 이후 우리는 함께 점심을 먹었다. 나는 스스로를 '수석님 밥 당번'이라고 불렀다. 상사와 밥 먹는 일, 그것도 단둘이 식사하는 일이 마냥 마음 편한 일은 아니었지만 보좌관인 내가 해야 할 일 중 하나였다. 다행히 서로 식성이 잘 맞았다. 조국 수석이 좋아하는 음식 중 하나가 파스타인데 나도 즐겨 먹는 음식이었다. 파스타를 좋아하는 사람들은 부러워했고, 한식을 즐겨 먹는 내 또래의 행정관들과 비서관들은 측은하게 여겼다.

출입구가 보이는 안쪽 자리가 대개는 식당의 상석인데, 그 자리에는 항상 내가 앉았다. 조국 수석은 청와대에 들어오기 전부터 이미 유명인이었고, 훤칠한 키에 잘생긴 얼굴이라서 알아보는 사람이 많았다. 그래서 수석이 편하게 식사할 수 있도록 '얼굴 팔리는' 자리에는 내가 앉았다. 또 식사를 하면서 나누는 이야기가 많다 보니 더욱 자리에 신경을 써야 했다.

식사하면서 수석과 나는 매일 열리는 대통령과의 아침 회의 결과에 대해 다시 의견을 나누고 추진 사항을 점검했다. 또는 마무리된 업무에 대한 평가를 하거나 수석과 나만 알고 넘겨도 되는 청와대 소소한 일들을 정리하는 대화를 하곤 했다. 수석이 편하게 식사하도록 나름 여러 가지를 고려했지만 결국 밥 먹을 때마다 오찬 회의를 한 것이나 다름없었다.

일 이야기 외에는 대부분 책에 관한 이야기를 나누었다. 조국 수석은 청와대에 근무하면서도 교수 재직 시절 출간했던 책 2권의 개정판을 내기도 했다. 주 6일 근무다 보니 딱 하루 쉬는 휴일에 집필로 휴식을 대신했다. 몸은 물론 머리도 하루쯤은 다 내려놓고 쉬시라고 여러 번 부탁 아닌 부탁을 드렸지만, 책을 읽고 쓰는 일이 휴식과 다름없다는 대답만 들었다.

조국 수석이 출간한 책들을 읽은 독자라면 익히 알고 있겠지만, 조 수석은 법학자 출신답게 정확한 기록이 몸에 밴 사람이다. 특히 수석의 기억력은 따라올 사람이 없었다. 드라마 〈이상한 변호사 우영우〉에 등장하는 우영우처럼 포토그래픽 기억력의 소유자였다. 그래서 다른 말을 하기 어려운 상사였다. 그런 그가 윤석열 검찰이 앞뒤 잘라내고 왜곡한 사실들로 사냥을 당했으니 그 정신적 고통은 짐작하기조차 어렵다.

### 민정수석실 선임행정관 회의

민정수석실에는 조국 수석의 보좌관인 나를 포함하여 각 비서관실의 선임행정관 등 모두 6명이 근무하고 있었다. 이들은 각 비서관실에서 비서관을 보좌하면서 비서관실 전체 업

조국 그리고 민정수석실

무를 조율하는 역할을 맡았다. 이들은 매일 아침 8시가 되면 여민2관 3층 회의실에 모여 각 비서관실 현안을 공유하고 협업할 것을 조율했다. 매일 아침에 나온 언론 보도를 검토하고 부처 간 갈등, 청와대 내부에서 벌어진 공직기강 해이 문제 등을 논의해 각 비서관실의 업무를 나누고, 인원이 부족할 경우 지원책을 논의하기도 했다.

민정수석실의 원활한 업무 진행을 위해 당연히 운영되어야 하는 체계였지만 본래 있었던 회의는 아니었다. 별도의 선임행정관 전체 회의의 필요성을 절실하게 느낀 나의 제안으로 꾸려진 회의였다. 어느 날 조국 수석에게 민정수석실의 업무가 원활하게 추진될 수 있도록 조율하는 각 비서관실 선임행정관 회의를 신설하겠다고 보고했다. 수석은 흔쾌히 허락했다. 나는 바로 민정수석실 선임행정관들의 회의를 소집하고 각 비서관실의 업무를 파악하기 시작했다. 각 비서관실 업무 중 보안이 요구되는 업무를 제외하고는 논의를 통해 협력과 협업 체계를 만들자고 제안했다. 다들 마다할 이유가 없었다. 선임행정관 전체 회의는 조국 수석이 청와대 상황 점검 회의에 참석하는 매일 아침 8시에 했다.

선임행정관 회의에서 가장 먼저 한 일은 각 비서관실의 대통령 공약 이행 계획 수립이었다. 권력기관 개혁, 검·경 수사권 조정 등 주요 업무에 대해서는 해당 수석실 선임행정관이 주관하되 필요에 따라 협업하기로 했다. 주요 현안 대응에 대해서는 서로 거리낌없이 이야기하고 아이디어를 주고받으며 대응했다.

이 회의의 또 하나 중요한 역할은 수석이 주재하는 회의를 뒷받침하는 데 있었다. 수석 주재 회의에서 이견이 발생한 주제나 안건들을 해결하는 역할이었다. 선임행정관 회의에서 합의점을 도출하고, 각각의 선임행정관이 각 비서관에게 설명하고 이해를 구해 마무리하는 방식이었다.

선임행정관 회의가 왜 생겼는지 잘 알고 있는 조국 수석은 내게 많은 지시를 했다. 이 회의로 수석이 안건을 보낸다는 것은 각 비서관실 선임행정관들이 의견을 모으고 실무적 검토뿐 아니라 각 비서관의 정무적 판단까지 더한 의견을 가져오라는 뜻이었다. 선임행정관 회의 안건은 대부분 각 비서관의 입장이 첨예하게 대립하고 있는 것들이 많았다. 조 수석은 문제 해결을 위해 선임행정관 회의에서 나온 의견을 적극적으로 수렴하고자 했다. 첨예한 대립이 일어나는 일은 민정수석실 전체 차원의 주요 사안이었기 때문이다.

사실 선임행정관들은 각자 전문성 못지않게 대통령에 대한 이해가 월등히 높았다. 대선 때부터 대통령과 일하며 국정철학을 잘 이해하고 있었고 업무 방향과 스타일 또한 이미 알고 있었기 때문에 이들의 실무력과 정무적 판단은 문재인 정부 성공을 위한 해법에 집중했다. 무엇보다 선임행정관 회의는 소통과 단결력을 확보하고 있어 이견을 신속하게 정리해나갈 수 있었다. 조국 수석도 그 점을 잘 알고 있었기에 선임행정관 회의의 결론을 늘 수용하는 편이었다.

민정수석실 선임행정관들은 나를 제외하고 모두 변호사들이었다. 나는 법률적 지식은 부족했지만 대신 현실 정치와 정당 활동으로 쌓은 정치적 경험이 있었으니 서로 보완하는 효과가 있었다. 사실 나도 그동안의 다양한 활동을 통해 주워들은 법률 지식과 당에서 당무혁신국, 혁신위 지원 등을 통해 얻은 짧은 지식으로 변호사 출신 선임행정관들과의 대화에서 가끔 아는 척을 했다. 그랬더니 다들 나를 '만주변호사'(변호사 자격이 없으나 법률에 대한 이해가 높다는 칭찬)라고 부르며 놀려댔다. 농담처럼 사시를 보면 1차는 당연히 불합격이지만, 2차는 무조건 합격이니 '로스쿨'부터 가보라고 했다.

민정수석실 선임행정관 회의는 청와대 내에서 가장 모범적인 사례로 꼽히기도 했다. 소관 업무가 가장 민감한 민정수석실이 가장 소통이 잘되는 조직으로 평가받은 것이다.

## 조국과 통화하려면 오보를 내라

기자들 사이에 떠도는 전설이 하나 있다. '조국하고 통화하고 싶으면 오보를 내라.' 조국 수석은 언론 보도가 틀렸을 경우 본인이 직접 해당 기자에게 전화하여 기사 정정을 요구하고 항의했다. 우리나라를 대표하는 보수 언론 편집국장이 조국 수석에게 직접 전화해 오보에 대해 사과한 적도 있었다. 지금 생각해보면 이때부터 조국은 '눈엣가시'였을 수도 있다. 조국 수석은 언론의 영향력을 누구보다 잘 알았다. 본인이 직접 나선 것은 그가 우리 사회에서 언론의 역할과 책임을 누구보다 중요하게 생각하는 사람이었기 때문이다.

특히 민정수석실은 언론과의 접촉이 허용되지 않을 정도로 보안을 유지해야 하는 곳이기 때문에 언론 보도에 더욱 민감할 수밖에 없었다. 민정수석실은 기자들에게 누구보다 중요한 취재원이었지만, 가장 불편한 관계이기도 했다. 그렇다고 아예 담을 쌓고 지낼 수는 없는 게 또 언론이다. 언론과의 접촉이 제한적으로 허용된 사람은 나를 포함해 단 두 명뿐이었다. 철저하게 보안을 유지하다 보니 언론과의 접촉이 허용되었지만 기자들을 만나서 서로 나눌 이야기가 없었다. 안부를 묻고 덕담을 나누는 만남 그 이상도 그 이하도 아니어서 가급적 나는 언론과 접촉하지 않았다. 언론과의 만남 그 자체가 기삿거리가 될 수 있었기 때문이다.

언젠가 청와대에 근무하는 후배의 간곡한 부탁으로 기자들과 식사 약속을 한 적이 있었다. 물론 사전에 업무와 관련된 질문은 하지 않는다는 약속을 받고서야 응한 만남이었다. 그런데 웬걸, 자리에 앉자마자 민정수석실 업무와 관련된 질문이 쏟아졌다. 식사가 나오기도 전에 나는 자리에서 일어날 수밖에 없었다. 당시 당황해하던 기자들의 눈빛을 잊을 수 없다. 서로 무안해진 순간이었는데, 다행스럽게도 사전 약속을 지키기로 하고 무사히 식사를 마쳤다. 업무상 어쩔 수 없는 상황이었지만, 두고두고 미안했다.

## 수상한 장비 철거 작전

2017년 7월 18일 청와대 페이스북에는 '청와대 민정수석실의 수상한 장비 철거 작전'이라는 동영상이 올라왔다. 청와대 민정수석실로 올라가는 계단 앞에 있던 '계단 가림막'과 '검색대'를 철거하는 장면이었다. 언뜻 평범한 검색대처럼 보이지만, 자세히 보면 철제 난간 사이마다 설치해 종이 한 장도 빠져나가지 못하도록 막은 가림막이었다. 검색대 옆에 있는 커다란 철제 장비는 특수용지를 감지하는 센서였다. 박근혜 정부 민정수석실이 설치한 것들이었다. 이것을 처음 발견해 철거를 제안한 사람이 바로 나였다. 청와대에 들어올 때부터 있었던 것이었기에 무심코 지나다녔지만 '저게 왜 있지?'라는 의문이 들어 여러 사람에게 물어 용도를 확인한 후 조국 수석에게 철거를 제안했다.

박근혜 정부 민정수석실은 모든 문건을 작성할 때 반드시 특수처리된 용지를 사용하도록 했다고 한다. 이 용지를 들고 검색대를 통과하면 경고음이 울린다. 최순실의 남편이자 박근혜 전 대통령의 보좌관 출신인 정윤회가 비선 실세라는 문건이 언론에 유출된 직후, 당시 민정수석이었던 우병우의 지시로 이런 시설물과 장비를 설치했던 것이다.

검색대와 가림막 철거를 지시한 조국 민정수석은 이를 계기로 다음과 같은 '민정수석실 운영 원칙'을 만들기도 했다.

---

### 민정수석실 운영 원칙

- 촛불시민혁명의 정신을 구현하는 민정
- 문재인 대통령의 국정철학 실천을 보좌하는 민정
- 권력기관에 대해서는 엄격하게,
  국민에 대해서는 온화하게 다가가는 민정
- 법률과 절차를 준수하는 민정
- 사적 권력을 추구하지 않는 민정
- 구성원의 다양한 경험과 능력을 총합하는 민정

---

## 수석도 알지 못한 민정수석실 물건

2017년 8월 언론인을 대상으로 청와대 업무 공간을 개방하는 '오픈 하우스' 행사가 열렸다. 알려졌다시피 청와대 춘추관은 출입 기자실과 언론 브리핑룸이 있는 곳이다. 청와대 출입 기자들은 춘추관에만 머물러야 했고, 청와대 경내 출입은 제한되었다.

출입 기자들이 필요한 자료 요청이나 질문을 하면 해당 비서관실에 전달이 되고, 춘추관 소속 직원들이 그 답변을 받

조국 그리고 민정수석실

아 기자에게 전달하는 방식으로 운영됐다. 국정의 최고 사령탑인 청와대의 업무 특성상 보안은 불가피했다. 그중에서도 민정수석실은 가장 엄중한 보안 구역이었다. 따라서 오픈하우스 행사에서 가장 인기 있는 장소는 당연히 민정수석실이었다. 민정수석실은 디지털소통센터를 통해 외부로 공개될 만큼 일반 국민도 궁금해하는 공간이었다.

많은 사람의 기대나 상상과 달리 민정수석실은 다른 사무실 풍경과 다를 게 없었다. 조국 수석의 책상과 회의용 탁자, 3인 정도가 앉을 수 있는 작은 원탁 테이블 하나가 전부였다. 조국 수석은 회의용 원탁을 놓고 싶어 했지만 총무비서관실에 남은 예산이 없어 교체하지 못했다.

조 수석의 개인 물품 중 기자들의 이목을 끈 것은 요가 매트였다. 운동할 시간이 부족했던 조 수석은 사무실 한쪽 구석 바닥에 집에서 가져온 요가 매트를 깔아놓고 간단한 스트레칭이라도 할 요량이었다. 하지만 그마저도 여의찮아 요가 매트는 발 받침이 되거나 얌전히 자리만 지키는 신세가 되고 말았다.

민정수석실의 특별한 물품은 따로 있었다. 바로 'TV 받침대'였다. 겉모양만 TV 받침대였지 실은 금고였다. 이 금고는 과거 특활비를 넣어두던 용도로 사용됐다는 전설 같은 이야기만 전해지고 있었다. 철제 금고를 나무로 된 상자에 넣어 밖에서 보면 평범한 TV 장식장이어서 특별히 눈여겨볼 물건

이 아니었다. 조국 수석 역시 관심을 두지 않았다. 수석 방에
있었지만 사실 이 금고를 실제 사용한 사람은 나였다.

청와대에서는 불시에 보안 점검을 하는 경우가 많았다.
보안 점검을 담당하는 총무비서관실과 공직기강비서관실에
서 퇴근 시간 이후 저녁 9시부터 각 사무실을 돌며 업무 관련
문서가 책상 위에 놓여 있는지, 책상 서랍이 잠겨 있는지 등을
점검했다. 처음 청와대에서 근무하는 직원들의 경우 보안 점
검에 적발되어 경위서를 제출하거나 구두 경고를 받곤 했다.

나는 보안 점검이 있는 날에도 야근하는 경우가 많았지
만 외부 일정이 있어서 사무실을 일찍 나설 때면 수석 책상에
있는 서류와 내 책상에 있는 서류를 TV 장식장 안의 금고에
넣었다. 이 금고는 문서를 보관하는 비밀함 역할을 했다. 과
거에는 비자금을 넣어두는 금고였을지 모른다는 소문도 있
었지만, 문재인 정부 민정수석실에서는 돈보다 더 중요한 국
정과제를 보관하는 금고로 사용되었다.

조국 그리고 민정수석실

# 청와대 '3D' 부서

민정수석실의 업무는 대개 밖으로 드러나지 않는다. 민정수석실은 청와대의 그 무엇이 됐든 그것이 밖으로 드러나기 전에 예방하는 것이 주요한 역할이다. 그러다 보니 청와대 내부다른 부서들은 민정수석실을 은근히 경계했다. 민정수석실에서 보자고 하면 '내가 뭐 잘못한 게 있나?'부터 생각했다고한다.

또한 민정수석실은 업무가 폭주하는 부서라서 청와대 내부의 대표적인 '3D'(Dirty, Difficult, Dangerous) 부서로 꼽혔다. 나는 농담처럼 "민정은 어디에도 있고, 어디에도 없어야한다"고 입버릇처럼 말하곤 했다. 대통령의 눈과 귀가 되어야했고, 때로는 대통령에게 쓴소리도 해야 하는 부서였다.

민정수석실에서 하는 일이 무엇인지 한마디로 정의한다면 '민심 청취'라고 말할 수 있다. 다만 이 민심은 청와대 안과 밖 모두에 해당한다. 국민의 소리를 듣는 일은 민정수석실에서 가장 중요한 업무였다. 대통령 또는 조국 수석에게 매일같이 수천 통의 편지가 배달됐다. 라면 상자 크기로 두 상자 분량이었다. 교도소에서 자신의 억울함을 호소하는 편지가 가장 많았고, 나머지는 각종 제보와 비리를 고발하는 무기명 투서가 대부분이었다. 그 양에 먼저 놀랐지만 나는 거의 매일 그 상자 속 사연들과 씨름했다. 그런 편지들을 읽느라 날마다 야근해야 했다.

하지만 민정수석실에서는 그런 민원들에 대해 어떤 판단을 하거나 조치를 하지는 않는다. 민정수석실의 판단이나 조치는 곧 '청와대의 개입'이 되기 때문이다. 일일이 내용을 확인해 일반 민원은 청와대 민원담당비서관실을 통해 국민권익위 등 관련 기관이나 부처로 보냈다. 무기명 투서의 경우는 사안에 따라서 공직기강 인사검증팀, 민정비서관실, 반부패비서관실로 보내졌고 각 비서관실 판단 아래 조치되었다. 교도소에서 온 편지들은 법무부 교정국으로 다시 배달됐다. 대충 훑어만 보고 담당 비서관실로 보내고도 싶었지만, 청와대 밖에서 들려온 '민심'을 일일이 꺼내본 이유는 하나다. 그

일이 업무이기 이전에 대통령 또는 조국 수석에게 배달된 국민의 마음을 들여다보는 일이었기 때문이다. 문재인 대통령과 조국 수석이 직접 읽어주기를 바라고 힘들게 편지를 작성했을 당사자의 마음을 생각하면 그럴 수 없었다. 편지 속 사연과 함께 매일 야근이 이어졌다.

청와대에서 외부로 나가는 셔틀버스는 밤 10시가 마지막이다. 매번 막차를 놓치고 경복궁 담을 따라 광화문 앞까지 걸어서 퇴근했다. 그 길을 걸으며 날마다 '내일은 막차를 놓치지 않아야지' 다짐했지만, 야근을 안 하면 다음 날 업무가 두 배가 되었다. 그렇게 두 달 넘게 일을 하다 좀 더 효율적인 방법을 찾기 시작했다. 나만 힘든 게 아니었기 때문이다. 이대로 가다가는 민정수석실 직원 모두 민원서류에 짓눌려 청와대 근무를 그만둘 수도 있겠다는 생각이 들었다.

청와대 인사국장에게 인원 증원을 요청했다. 어렵다는 답을 들었다. 그에게 다음 날 오후에 내 사무실에서 차 한잔하자고 했다. 차를 마시러 온 인사국장은 수석실에 온 하루 분량의 민원서류를 보고 놀라며 매일 민원이 이렇게 들어오냐고 물었다. 사실 그날은 적은 편이었다. 증원 요청은 그 즉시 받아들여졌다. 덕분에 다른 수석실보다 인원이 한 명 더 늘었다.

민정수석실 인원 증원 요청이 받아들여지자 나는 당에서 1년 넘게 계속 호흡을 맞췄던 당직자 후배에게 청와대에서 일할 생각이 있는지 물었다. 전략기획국 부장 직급이었던 후배가 청와대로 오게 되면 행정관 직급으로 와야 했다. 하지만 행정관이 이미 다 충원된 상황이어서 행정요원 직급으로 올 수밖에 없었다. 매우 미안한 일이었지만 나는 후배에게 청와대에 오면 급여도 줄고 먼저 온 동료들보다 한 직급 낮게 근무하는 조건이라고 말했다. 평소 입버릇처럼 문재인 대통령님과 일할 수 있다면 청와대 빗자루라도 들겠다고 했던 이 후배는 다음 날 바로 일하겠다고 연락을 해왔다.

　이 후배만이 아니라 민주당 당직자들은 문재인 정부가 성공해야 한다는 신념을 공유하고 있었다. 노무현 전 대통령의 서거를 보며 다시는 대통령을 잃는 일은 없어야 한다는 다짐들이 있었다. 특히 이 후배는 노무현 전 대통령 장례 기간 내내 봉하에 내려가 온갖 궂은 일을 했던 열혈 당직자였다. 청와대에 들어와서도 열혈 행정요원이 되어 그야말로 죽도록 일만 하다 당으로 돌아갔다. 다행히 당으로 돌아가 바로 승진을 했지만, 나와의 인연은 항상 고생길인 것 같아 언제나 미안한 마음이다.

민정수석실은 예방을 위해 예측을 해야 하는 조직이었다. 집권 2년 차에 들어선 2018년 1월부터 민정수석실에서는 집권 2년 차에 벌어질 수 있는 일에 대한 고민을 시작했다. 집권 1년 차 문재인 대통령의 국정 지지율은 70%가 넘었다. 하지만 민정수석실은 더 긴장해야 하는 상황이었다. 청와대가 지지율에 취해 공직기강이 흐트러지거나, 자신감에 넘쳐 설익은 정책을 발표하는 것을 우려했기 때문이다.

또한 집권 초 나타났던 부처 간 갈등도 아직 남아 있었다. 대부분 과거의 잘못된 관행을 개선하지 않고 그대로 유지하려고 해서 나타난 문제였다. 현안에 대한 A기관과 B기관 사이의 견해 차이, 청와대와 부처, 부처와 부처끼리의 갈등도 많았다. 정무직 장관이 대권 프로젝트를 가동한다는 소문이 돌기도 했다. 특정 사안에 대한 두 기관의 첨예한 대립도 있었는데, 이 문제가 청와대에까지 들어오는 경우도 많았고, 장관이 청와대를 방문해서 항의하는 일도 있었다.

이 모든 일이 민정수석실의 과제였다. 집권 2년 차 증후군의 위험을 사전에 제거해야 했다. 민정비서관실 주도로 집권 2년 차 부처 간 갈등 사례와 해결 방안에 대한 조사 및 여론 수렴 작업에 돌입했다. 당시 드러난 갈등 주제만 20여 가지였던 것으로 기억한다. 부처별 갈등 사례를 면밀히 조사해

보고서를 작성했고, 이 보고서는 대통령에게 보고되었다. 민정수석실 조사 과정 자체가 인사 조치(문책성 경질)까지 이어질 수 있는 문제여서 각 부처 간 갈등이 잦아들기도 했다. 또한 자신의 대권 프로젝트를 가동하기 위해 대통령의 국정철학 이행에 소극적이던 장관에게는 민정수석실에서 엄중한 경고 메시지를 보냈다.

이런 것들은 빠짐없이 수시로 민정수석에게 보고되었다. 보고를 받은 조국 수석은 사안에 따라 대통령에게 보고하기도 하고, 관련 인사 면담을 통해 해당 사실에 대해 민정수석실이 인지하고 있음을 넌지시 알려 시정하거나 중단하도록 했다. 민정수석실은 정부 정책 혼선과 갈등을 줄이기 위해 문재인 정부 출범 때부터 총력을 기울였다. 민정수석실의 일은 국정운영에 부담이 될 수 있는 일을 사전에 점검하고 예방하여 외부로 드러나지 않게 수습하고 조정하는 것이었다. 대통령의 국정운영에 위협이 되는 요소를 사전에 차단하고 정리하는 일이기도 했다. 민정수석실이 인지하고 있다고 생각하면 다들 그 행위를 멈췄다. 이처럼 민정수석실은 대통령을 지키는 최후의 보루였다.


### '대통령 아버지'는 영광이 아니라 속박


또 하나 민정수석실의 역할 중 빼놓을 수 없는 것이 대통령의

　　　　　　　　　조국 그리고 민정수석실

친인척 등 특수 관계인들을 관리하는 일이었다. 결론부터 말하자면 문재인 정부에서는 친인척들의 권력형 비리가 일어나지 않았다. 민정수석실은 이를 예방하기 위해 친인척 및 특수 관계인을 지속적으로 만나며 관리했다. 친인척 관리는 예민한 문제라서 담당자들은 청와대 안에 있지 않고 바깥에서 자율적으로 근무했다. 그래서 상세한 이야기는 알지 못한다.

해당 업무를 했던 담당자들은 친인척 및 특수 관계인과 면담을 통해 어려운 점을 듣기도 했지만 주로 이들이 경거망동하지 않도록 하는 것이 만남의 주목적이었다. 문재인 대통령의 친인척 중 권력형 비리를 일으킬 만한 사람도 없었지만, 그들 스스로 매우 조심했다. 아마도 노무현 대통령의 불행을 반면교사로 삼아 스스로를 낮추고 더 각별히 신경을 쓰며 살았던 것 같다.

민정수석실에서 가장 미안한 마음을 가진 사람들은 문재인 대통령의 자제들이었다. 다른 특수 관계인들보다 자제들에 대해서는 더욱 엄격했다. 어려운 점을 듣기보다, 그것이 무엇이든 하지 않는 것이 최선임을 주지하다 보니 그들이 할 수 있는 일이 거의 없었다고 해도 과언이 아니다. 뭘 하지 못하도록 하는 게 민정수석실의 주된 역할이다 보니 자제들은 친인척을 관리하는 민정비서관실의 특별감찰반 자체를 불편해했다고 한다. 대통령의 자제를 관리해야 하는 특별감찰반의 고충도 많았다고 들었다. 양쪽 다 하소연할 데가 없는 사람들끼리의 불편한 만남이었을 것이다. 아마도 문 대통령의 자제들에게 '우리 아버지가 대통령'이라는 사실은 자랑스러움에 앞서 속박이었을 것이다.

## 불이익이 된 조국과의 사적 친분

조국 수석에게는 제자가 많았다. 제자뿐 아니라 사회 곳곳에 조 수석과 인연이 있는 사람들이 많았다. 청와대에서 일하고 싶은 사람들이 여러 경로를 통해 조 수석에게 추천을 부탁하기도 했다.

어느 날 조국 수석이 아무개를 아느냐고 내게 물었다. 나도 잘 알고 있는 후배였다. 이 후배가 정부 부처에 있는 국장하고 수석을 방문한다고 하는데 어떻게 하면 좋을지 물었다. 나는 단호하게 만나지 말라고 했다. 시기도 문제거니와 사적인 친분으로 민정수석을 만난다면 사전 점검이 필요하다고 했다. 사실 수석의 질문에도 '만나면 안 되는 일'이라는 답이 담겨 있었고, 당연히 내가 그렇게 말할 것을 수석도 알고 있었다. 보좌관인 내가 정리해주기 바란다는 요청을 담은 질문이었다.

나는 아무개에게 전화했다. "사적인 인연으로 공직의 관례를 깰 수는 없으니 필요한 내용에 따라 민정수석실 선임행정관이나 담당 행정관을 연결해주겠다. 그리고 민정수석에게 사적인 친분을 이용해 면담 요청을 하지 말라"고 경고했다.

조국 수석은 청와대에서 일하고 싶어 하는 제자가 있을 경우 자신이 청와대에 있는 동안에는 추천하기 어렵다고 명확하게 선을 그었다. 하지만 사람 마음이란 것이 서운함이 우선인지라 조 수석을 원망하는 사람들이 있었고, 이런 이야기를 들을 때면 수석도 많이 속상해했다. 내가 당사자에게 전화해서 "민정수석이라는 자리는 청와대의 공직기강과 인사 추천의 문제까지도 점검해야 하는 자리다. 제자를 추천할 경우 제대로 역할을 하지 못하고, 영이 서지 않는다. 이해를 바란다"고 말하며 문재인 정부의 성공을 위해서 감수해달라고 요청했다.

청와대에서 원하는 업무 능력을 갖추고 있던 한 제자는 조국 수석이 청와대를 떠난 이후에야 행정관으로 일하게 되었다. 그는 청와대에 온 이후 업무 기여도, 전문성 모두 인정받았다. 다만 조국의 제자라는 이유로 청와대 입성이 늦어졌을 뿐이다.

### 끝나지 않는 인사 검증

문재인 정부 인사 검증 항목은 초창기 5대 항목이었다가 후에 7대 항목 12개 조항으로 늘어났다. 이에 대한 문항은 80여 개 정도 됐는데, 일반 국민이 보기에 시시해보이기까지 하는 문항도 있다. 신변에 관한 것, 재산 형성 과정 등 평범한 사람이라면 당연히 '없음'에 표시하는 문항들이다. 그런데 이 문항에 대한 답변들 때문에 검증을 통과하지 못하는 후보자들이 많았다. 민정수석실의 공직자 인사 검증이 있을 때마다 나는 우리 사회 지도층이 달리 보였다. 평생 기득권을 가지고 살아온 이들의 모순, 일반 국민 누구나 당당하게 답할 수 있는 질문에 바른 답을 하지 못하는 지도층이 너무 많았다.

검증 결과는 '흠결 없음', '일반 흠결', '상당 흠결', '중대 흠결' 등 4단계로 나뉜다. 중대 흠결의 경우는 검증에서 탈락한다. 중대 흠결로 탈락하는 사람도 많았다. 공직자, 교수, 전문가 할 것 없이 검증대를 통과하지 못한 경우가 많았다. 예를 들면 경제 분야는 주식 등이 문제가 되는 경우가 많았고, 학자는 논문 표절이 문제가 된 경우가 많았다. 자기 분야에서 나름의 명망을 가지고 있었으나 자기 관리에는 소홀한 사례였다.

검증 동의서를 쓰다가 검증을 포기하는 경우도 있었다. 배우자나 자녀가 검증받기를 꺼린다는 것이었다. 심지어 이혼하겠다는 말까지 들어서 도저히 검증을 못 받겠다는 검증 포기 사유도 있었다. 공직자들의 경우 새벽에 출근해 밤늦게 퇴근하기 때문에 본인은 아무런 문제가 없어도 배우자는 그렇지 않은 경우가 많았다.

이 글에 다 쓸 수 없지만 특정 직위는 거의 30여 명에 가까운 사람을 검증한 적도 있었다. 기업인 출신을 경제 각료로 쓰려고 하면 '주식백지신탁' 제도가 문제가 됐다. 부동산 투기, 2주택, 위장 전입 등은 단골 탈락 사유였다. 심지어 문재인 정부와 가까웠고 대선 기여도가 높은 사람도 검증 문턱을 넘지 못한 경우도 많았다. 문재인 정부와 가까운 인사가 검증 문턱을 넘지 못하면 민정수석실은 원망의 대상이 된다. 대통령이 안타까워한 인물도 있었지만 민정수석실은 검증 원칙을 끝까지 지키려 했다. 민정수석실이 알게 되면 국민도 알게 된다는 생각으로 국민의 시각에서 검증하려고 애썼다. 결국 돌아온 것은 민정수석실에 대한 원망밖에 없었지만.

문재인 대통령은 인재를 쓰기 위해 망신주기식 청문회를 하지 말자고 제안했다. 문재인 대통령의 임기 중에는 인사청문제도를 그대로 운용하고, 다음 정부부터는 도덕성은 비공개 청문을 하고 업무 능력은 공개 청문회를 하자고 제안했으나, 당시 야당이었던 자유한국당에 의해 인사청문제도개선특별위원회 회의조차 제대로 이루어지지 못했다.

나는 그때나 지금이나 같은 생각이다. 우리 사회의 지도자가 되려면 자기 관리에 좀 더 철저해야 한다. 특히 고위 공직을 맡으려 한다면 젊은 시절부터 자기 관리에 철저해야 한다. 국회 또한 검증에 임하는 자세의 변화가 필요하다. 국회의원에 대해서는 동업자 정신으로 청문회에서 검증이 약하고, 검찰·경찰·국정원 등 권력기관장에 대해서는 추후를 고려해 눈치를 보느라 청문회에서 수박 겉핥기식으로 검증이 진행되는 경향이 있다. 이 점 또한 극복해야 할 과제다. 무엇보다 중요한 것은 공직자가 될 수 없는 조건에 대해 국민 눈높이에 맞는 공직자의 기본 덕목을 정하고, 이 기준에 미달하면 어느 누구도 공직에 임명하지 않겠다는 정치권의 합의가 있어야 한다.

## 최재형 감사원장 후보자

박근혜 정부에서 임명한 황찬익 감사원장이 임기를 마치고 퇴직할 무렵이 되자 후임 감사원장을 추천받고 검증을 시작했다. 문재인 대통령은 법률가, 특히 판사 출신이 좋을 것 같다고 생각하셨던 것으로 기억한다. 그리고 많은 사람이 후보군으로 추천되었다. 하지만 검증을 통과하지 못했다. 황당한 일이었다. 내가 직접 검증 업무를 담당한 것이 아니다 보니 계속 '검증 중'이라는 말만 들었는데, 알고 보니 20명 넘게 검증했다고 한다. 한국 사회 지도층 사람들의 민낯을 확인하는 것이기도 했다.

결국 감사원장 후보자로 지금은 국민의힘 국회의원이 된 최재형으로 결정되었다. 최재형은 검증 과정에서 특별한 문제는 없었지만, 지나치게 보수적인 생각을 가진 사람이었다. 그리고 그는 보수 언론과 원자력발전 분야 주요 인사와 친인척 관계였는데, 이 점이 나중에 문제를 일으킬 소지가 있었다. 나는 조국 수석에게 다음과 같이 의견을 드렸다. "본인은 물론이고 주변 인사들이 너무 보수적인 분들이어서 문재인 정부 국정철학에 동의하지 못할 것입니다. 그리고 지금은 그렇지만 나중에 보수 인사들의 영향을 받아 어떻게 변할지 모릅니다."

판사 출신 인재 후보군의 인력 풀이 좁다는 것이 문제인데다가 인사 추천은 민정수석실의 몫이 아니었다. 민정수석실은 검증만 할 뿐 최종 결정을 하는 단위는 아니었다. 조국 수석도 여러 걱정을 했지만 인재 후보군의 한계로 더 이상 감사원장 후보자를 찾기 어렵다는 이야기를 듣고 있었다. 매우 보수적이지만 공직자로서는 구체적으로 드러나는 흠결이 없어 검증을 통과한 사람을 낙마시킬 수는 없었다. 감사원장이라는 중요 기관장을 마냥 공석으로 비워둘 수도 없는 상황이었다. 이런 상황과 맞물려 최재형 후보자는 감사원장이 됐다. 하지만 이후 나의 우려는 결국 현실이 되고 말았다.

## 민정 안의 민정

청와대 비서실은 4개의 건물로 구성되어 있었다. 대통령 집무실이 있는 여민1관과 민정·인사·정책실이 있는 2관, 소통·안보·홍보실이 있는 3관, 그리고 비서동 옆에 경호실 별관이 있었다. 민정수석실이 있던 여민2관은 1968년에 지어진 건물로 안전 진단 결과 아슬아슬하게 존치되고 있었는데 특이

한 점은 여민2관에만 다른 곳에는 없는 엘리베이터가 있었다. 누군지 확인해보지는 않았지만, 계단을 오르내리기 힘들었던 어느 민정수석을 위해 엘리베이터를 설치했다고 한다. 가끔 급할 때 사용하곤 했지만, 그 엘리베이터를 이용하는 사람은 많지 않았다.

정보가 유통되는 소중한 공간도 있었다. 농담 삼아 '센트럴 파크'라고 이름 지은 곳이었다. 화단 안에 비만 간신히 피할 수 있는 작은 쉼터가 있었다. 잠시 휴식을 취하면서 대화도 나누고 흡연도 할 수 있는 공간이었다. 그래서 그곳은 청와대 내부 분위기를 살필 수 있는 정보 요충지였다. 나는 누군가가 담배 피우는 모습을 보면서 '저 수석실에 무슨 문제가 있구나' 짐작하기도 했고, 삼삼오오 모여서 이야기하는 중에 끼어 소소한 정보를 얻곤 했다.

어느 수석실이라고 밝힐 수는 없지만 수석실 내의 갈등이 포착되어 관련 조사를 한 적도 있었다. 그 수석실은 수석과 비서관 사이에 업무와 관련하여 이견이 있었고, 두 선임행정관끼리 갈등도 심했다. 이에 대해 민정수석실의 비서관이 해당 수석을 방문하여 강력한 경고 메시지를 보냈고, 두 명의 선임행정관을 분리하는 인사를 단행했다. 해당 수석실은 민정수석실이 이런 것까지 파악하고 있었다는 사실에 놀랐고, 이는 곧 청와대 전체로 퍼졌다. 이처럼 민정수석실은 어느 곳에나 있었다.

민정수석실이 다른 수석실에 대한 조사·감찰을 담당하고 있
다 보니 청와대 내에서는 민정수석실에 대한 불만이 높았
다. 그런 불만들은 외부 소문을 통해 알게 되는 경우가 많았
다. 따라서 민정수석실에 대한 불만이나 건의 사항들을 수용
할 수 있는 창구가 필요해졌다. 민정수석실 내부의 문제가 방
치될 경우 엉뚱한 소문이나 오해를 낳을 수 있었기 때문이다.
특별감찰반(특감반) 활동에 대한 불만부터 민정수석실 행정
관에 대한 불만까지 파악이 필요했는데, 그 창구 역할을 내가
맡기로 했다.

어느 날 민정수석실의 한 행정관이 청와대 앞 식당에서
술자리를 하며 큰 소리로 청와대 이야기를 하는 것을 들었다
는 제보도 있었다. 이런 것들을 확인하는 일도 내 업무 중 하
나였다. 물론 모든 직원이 민정수석실 업무의 특성을 잘 알고
있었으므로 보안 문제까지 우려되는 내용은 아닌 경우가 많
았다. 하지만 민정수석실은 정기적인 당부나 경고가 없으면
보안 사고가 일어날 위험부담이 항상 있는 조직이었다.

그런 작은 사건이 있던 다음 날 아침, 민정수석실 선임행
정관 회의에서 나는 각 비서관실 선임행정관에게 관련 내용
을 전달하고, 술자리 발언에 각별히 주의해달라고 당부했다.
조국 수석에게는 민정수석실 직원 회식은 청와대 인근에서

1차로 식사를 하는 것은 괜찮지만, 2차는 금지하는 게 좋겠다고 건의했다. 이러한 건의에 민정수석실 사람들 모두 황당하고 원망스럽다는 표정으로 나를 바라봤지만 애써 외면했다. 나를 위한 조치가 아니었다. 조사·감찰을 담당하는 민정수석실이 청와대에서 가장 모범을 보여야 했기 때문이다.

이때부터 민정수석실 선임행정관 회식을 할 때 부득이하게 대화를 더 나누기 위해 2차를 가야 할 경우에는 노래방으로 가곤 했다. 우리는 노래방에서 노래는 안 부르고, 이런저런 이야기를 논의해 정리했다. 방음이 잘 안돼도 공간이 분리돼 있고, 다른 방 사람들이 노래를 크게 부르기 때문에 우리는 그 어느 곳보다도 마음 편히 업무 이야기를 할 수 있었다. 선임행정관들 사이에서도 이게 회식인지 업무인지 모르겠다는 불만도 있었지만, 보안을 위해서는 어쩔 수 없는 노릇이었다.

# 민정수석실 제1과제

대통령의 약속

제19대 대통령선거 결과는 문재인 후보의 압승이었다. 전체 유권자의 77.2%인 3,280만 8,377명이 참여한 투표에서 문재인 후보는 1,342만 3,800표를 얻었다. 41.08%의 득표율이었다. 2위 홍준표 후보와 557만 951표 차이였다. 역대 대선 사상 최다 득표 차였다. 촛불혁명의 승리였고 민주주의의 승리였다. 가슴이 벅차고 눈물이 흘렀다.

1987년 이후 역대 대선은 모두 12월 중순에 치러졌다. 당선자들은 2개월 이상의 정권 인수 기간을 가진 후 이듬해 2월 24일에 새로운 대통령으로 취임했다. 그러나 제19대 대선은 전임 대통령의 탄핵으로 인해 치러졌다. 헌법상 규정된 비상 절차로 대선이 치러졌기에 당선 즉시 국정을 운영할 수밖에 없었다. 또한 인수위원회를 통한 정부 이양 과정과 국민께 약속한 대선 공약을 국정과제로 정리하는 기간을 가질 수 없었다.

2017년 5월 10일 정오, 국회의사당 중앙홀(일명 로텐더홀)에서 제19대 대통령 취임식이 열렸다. 역대 대통령들의 취임식과 달리 신임 대통령의 선서와 취임사 위주로 간소하게 치러졌다. 보신각 타종 행사, 군악대·의장대 행진과 예포 발사, 축하 공연 등은 일체 없었다. 참석 인원도 국회의장, 대법원장, 헌법재판소장, 국무총리, 중앙선거관리위원회위원장 등 '5부 요인'과 국회의원, 국무위원, 군 주요 지휘관 등 300여 명으로 제한했다.

> 권력기관은 정치로부터 완전히 독립시키겠습니다. 그 어떤 기관도 무소불위의 권력을 행사할 수 없도록 견제 장치를 만들겠습니다.
> — '2017년 5월 10일 문재인 대통령 취임사' 중에서

문재인 대통령은 취임사를 통해 구시대의 잘못된 관행과 과감히 결별하겠다고 선언했다. 권력기관을 정치로부터 완전히 독립시키고, 그 어떤 권력기관도 무소불위의 권력 행사를 하지 못하도록 견제 장치를 만들 것을 거듭 다짐했다. 나는 로텐더홀 한쪽에 서서 당직자들과 취임식을 지켜봤다.

조국 그리고 민정수석실

감격에 겨워 눈물을 훔치는 당직자들도 있었다. 문 대통령은 퇴장하시면서 당직자들이 서 있는 곳으로 손을 들어 감사한 마음을 표현했다. 우리는 환호하며 문재인의 시대가 시작했음을 실감했다.

## 최우선 순위 국정 목표, 권력기관 개혁

권력기관이 국민으로부터 위임받은 권력을 국민을 위해 사용하지 않으면 권력은 부패하고 권력기관은 통치의 수단으로 전락하게 된다. 과거 권위주의 정부는 정보기관과 수사기관 등의 권력기관을 이용하여 국민 위에 군림했다. 권력기관은 때로는 권력을 위해, 때로는 자기 조직을 위해서 권력에 복종하고 조직을 보위했다.

박정희 정권 시절에는 중앙정보부(중정)가 권력기관 먹이사슬의 최고 정점에 있었다. 그 자리는 전두환 정권에서는 국군보안사령부(보안사), 노태우 정권에서는 보안사가 이름만 바꾼 국군기무사령부(기무사)로 대체되었다. 1987년 민주화 이후에는 권력기관을 이용한 노골적인 국민 통제는 점차 사라졌으나 국가정보원을 이용해 대선에 개입하거나 간첩 사건을 조작하는 등 보수 정부와 권력기관의 유착은 여전했다.

1987년 민주화 이후 정부 차원의 권력기관 개혁 시도가 없었던 것은 아니다. 김대중 정부는 최초로 검찰개혁을 정부의 정책 의제로 설정했고, 노무현 정부는 '고위공직자비리조사처' 설치를 정부안으로 국회에 제출하기도 했다. 그러나 개혁을 추진할 동력을 모아내는 데 실패하고 권력기관의 저항에 가로막혀 근본적인 제도 개혁에까지 이르지는 못했다.

권력기관 개혁의 지연은 국가권력 사유화와 국가 시스템의 붕괴를 초래했다. 만약 권력기관 개혁이 일찌감치 이루어졌다면, 박근혜 정부의 국정농단 사건도 없었을 것이다. 2016년 촛불 시민은 문재인 정부에 붕괴된 국가 시스템을 복원하고 제도와 일상에서 실질적인 국민주권을 실현할 것을 요구했다. 이는 권력기관을 국민을 위한 기관으로 돌려놓으라는 준엄한 명령에 다름 아니었다.

문재인 정부는 국민을 위한 권력기관 개혁을 강도 높게 추진했다. 이러한 노력은 먼저 권력기관이 정치적으로 이용되는 일이 없도록 하는 것에서부터 출발했다. 권력기관이 정치와 절연하고 본연의 역할을 충실히 할 때 비로소 국민을 위한 기관으로 돌아올 수 있기 때문이다. 문재인 대통령은 취임사에서 권력기관이 정치권력의 도구로 사용되는 일이 없도록 하겠다는 강력한 의지를 표명했으며, 이러한 권력기관 개혁은 민정수석실의 가장 중요한 업무였다.

조국 그리고 민정수석실

문재인 정부 출범 이후 대통령은 수시로 권력기관 개혁의 의지와 구체적인 방도를 천명했다. 특히 2017년 10월 20일 경찰의 날 기념식에서는 "검·경 수사권 조정을 내년부터 본격적으로 추진하겠다"고 밝히면서 "두 기관(검찰과 경찰)의 자율적인 합의를 도모하는 한편, 필요할 경우 중립적인 기구를 통해 결론을 내겠다"고 말했다. 대통령의 말씀은 민정수석실에 부여한 임무가 되었다.

2018년 1월 14일 조국 민정수석은 청와대의 권력기관 개혁안을 발표했다. 검찰, 경찰, 국정원 등 3대 권력기관의 개혁 방안을 골자로 한 이 발표는 사실상 권력기관 개혁 작업의 본격적인 추진을 알리는 것이었고, 그 구체적인 계획을 국민 앞에 밝히는 자리였다.

이날을 위해 민정수석실 전체는 몇 달 전부터 몹시 분주했다. 조국 수석은 그 분주함의 조율자이자, 총괄자였다. 나는 실무를 담당하는 행정관들과 머리를 맞대고 대통령의 의지를 구체적으로 실현할 방안을 검토했다. 권력기관 개혁의 세부 사항에 대해 지속적으로 협의를 진행하고, 그 상황을 점검하여 조국 수석에게 보고하고, 수석의 뜻을 실무진에 전파했다.

가장 난관이었던 사안은 검·경 수사권 조정이었다. 검·경 수사권 조정에서 필수적인 것은 비대해지는 경찰의 권한을 분산하는 것이었다. 경찰 조직을 행정경찰, 수사경찰, 자치경찰로 나누는 제도를 설계했다. 경찰의 권한 분산을 위한 논의는 주로 현장 방문을 통해 현실성 있는 대안을 마련하는 데 집중됐다. 그래서 유독 경찰개혁 업무는 현장 방문이 많았다.

자치경찰제도 설계를 위해 2018년 3월 초, 전국에서 유일하게 자치경찰을 운영하고 있는 제주특별자치도 자치경찰단을 방문했다. 민정수석실 선임행정관 6명 전원이 참여했다. 검·경 수사권 조정으로 경찰에 집중될 권한을 분산하기 위해 자치경찰제도 설계는 매우 중요한 일이었기 때문이며, 이에 대한 각 비서관실의 업무 관할이 겹치는 영역이었기 때문에 조국 수석의 허락을 받고 함께 가게 되었다.

제주 경찰은 민정수석실 선임행정관들이 모두 온다고 하니 상당히 긴장한 눈치였다. 사실 민정수석실 행정관 한 명만 와도 신경이 쓰일 상황인데 선임행정관이 단체로 온다니 그럴 만도 했다. 우리는 제주 경찰에 근무시간인 저녁 6시까지만 브리핑과 안내를 해달라고 요구했다. 식사 등 일체의 편의 제공도 필요 없다고 했다. 그렇게 제주 방문 일정이 시작되었다.

자치경찰제 실태를 알기 위해 막상 제주도에 가보니 제주 자치경찰은 관광객을 대상으로 한 기마경찰의 교통 통제 등을 제외하고는 실질적 권한이 없었다. 권한 없는 자치경찰은 무늬만 경찰인 '제복 입은 동네 아저씨'가 될 것이 뻔했다.

그런 자치경찰을 만들 수는 없었다. 나를 비롯한 각 비서관실의 선임행정관들은 제주 출장을 통해 자치경찰제도에 대한 실질적 고민, 즉 자치경찰로의 권한 이양에 대한 고민을 하게 되었다.

경찰 권한 분산과 관련해서 실무적 쟁점이 있었던 것이 112상황실 문제였다. 112상황실은 각종 범죄 신고 등이 24시간 빗발치는 격무 부서이고 치안 유지의 첨병이다. 문제는 전체 신고 업무의 90% 이상이 자치경찰의 소관이었다. 초기 신고의 대부분은 지·파출소에서 해결이 가능한 신고였다. 그래서 나를 포함한 대부분은 112상황실이 자치경찰에 배치되는 게 맞다고 봤다. 특히 나는 경찰 권한의 비대화는 또 다른 괴물을 만들 수 있으니 국가경찰의 권한을 약화시켜야 한다고 생각해서 강력하게 자치경찰 소관 사무라고 주장했다.

그러나 업무 담당자인 이광철 선임행정관은 112상황실은 국가경찰의 지휘하에 있어야 한다고 주장했다. 범죄가 시·도간 경계를 가리지 않기 때문에 긴급상황이 발생했을 때 국가경찰이 전국적인 상황을 보며 판단할 수 있어야 한다는 것이었다. 또 자치경찰로 복속할 경우 권한 충돌과 시·도 경찰 간에 협조가 원활하지 않을 수 있다는 우려도 있었다. 실무적 쟁점에 관한 문제라 각자의 주장이 물러서지 않았다.

그래서 112상황실과 지·파출소를 방문해 현장 상황을 보고 논의를 진행하기로 했다. 현장을 다녀온 후 112상황실은 국가경찰 관할로 결정되었다. 내가 간과했던 것은 현장의 응급성이었다. 예컨대 살인·강도 등 강력 사건이 발생할 경우 사람의 생명과 직결될 수 있어 즉시 출동과 현장 검거 등 신속한 지휘를 해야 하는데 강력 범죄는 국가경찰 사무였다. 따라서 강력 범죄 등의 신고 건수가 적다 하더라도 한 사람의 국민 생명과 관련된 문제라면 우선적으로 처리되어야 했다.

내가 승복한 후 이광철 선임행정관은 진즉에 자기 이야기를 들었어야 했다며 나를 타박했다. 맞는 말이었다. 그래서 사과했다.

"황 국장님이 이리 쉽게 사과할 줄 몰랐습니다."

"내가 자존심을 앞세워 고집한다면 국가의 미래에 큰 죄를 짓는 거죠. 지금이라도 제대로 된 설계를 위해 자존심보다는 미래가 중요한 거 아닙니까?"

민정수석실에서는 검·경 수사권 조정에 대해서 서울, 경기를 제외한 지역의 로스쿨 교수들을 대상으로 의견을 청취하기도 했다. 이를 위해 민정수석실의 선임행정관들이 각 지역의 로스쿨로 출장을 가서 의견을 청취했다. 전주 출신인 나는 전라북도를 담당했다. 검·경 수사권 조정을 위해 모두가 한마음이 되어 발로 뛰면서 현장의 목소리를 들었다. 그리고 로스쿨 교수를 비롯한 법조계 전문가들의 의견을 수렴하고, 검·경 수사권 조정에 대한 우려 사항들을 담은 종합 보고서를 작성했다.

조국 그리고 민정수석실

## 흔들림 없었던 '수사 불개입' 원칙

2018년 3월 5일은 자치경찰제도를 살펴보기 위해 제주도로 출장 간 첫날이었다. 제주 경찰들과 헤어지고 난 후 저녁 식사를 위해 식당에 들어갔을 때 "JTBC에 미투 관련 보도가 나온다"는 급보가 전달됐다. '안희정 지사 관련인 것 같다'는 제보였다. 방송 직전에야 언론 관계자들을 통해 상황이 전해졌고, 조국 수석에게 전화로 이 상황을 보고했다. 경찰개혁 담당자인 이광철 선임행정관과 경찰·검찰 담당 선임행정관들을 제외하고 나머지는 서울로 복귀하겠다고 보고했다. 조국 수석은 다음과 같이 지시했다.

"그럴 것 없습니다. 청와대가 할 수 있는 게 없습니다. 지금 상황에서 민정수석실이 개입하면 오히려 파장이 커질 수 있으니 지켜봅시다. 자치경찰제도 개선 업무에 집중하세요."

사실 자치단체장은 민정수석실 소관 업무도 아니었다. 안희정이라는 유력한 대선 후보는 그렇게 정계에서 사라졌다.

이렇듯 민정수석실은 문 대통령과 조국 수석의 뜻에 따라 답답할 정도로 수사 불개입 원칙을 지켰다. 과거 보수 정권의 민간인 사찰, 정치 공작 등을 문재인 정부에서 반드시 끊어내야 한다는 굳은 결의도 있었다.

최근 윤석열 정권의 무도한 권력 사용을 보며 '왜 너희들은 그렇게 하지 않았느냐?'라는 비난의 소리도 들린다. 하지만 그것이 문재인 정부와 윤석열 정부의 차이다. 문재인 정부는 부도덕하게 권력을 사유화했던 박근혜 정부의 탄핵으로 시작된 정권이었다. 많은 국민이 과거 권력의 악습을 끊어내라고 요구하고 있었다. 문재인 대통령은 문재인 정부가 촛불혁명으로 만들어졌다는 것을 잘 알고 있었다. 그래서 문재인 대통령은 국민이 위임한 권력을 법률과 원칙에 입각해 정의롭게 사용하려 했다. 그리고 그 원칙은 끝까지 지켜졌다. 문재인은 그런 사람이었다.

## 검찰 수사관들과의 만남

검·경 수사권 조정의 두 핵심 축은 역시 검사와 경찰이었다. 민정수석실은 검사와 경찰의 직접 업무 현장부터 전문가들의 의견까지 파악한 후 본격적인 조정 업무에 들어갔다. 하지만 민정수석실에 파견 나온 검찰 출신들과 경찰 출신들의 입장에 따라 의견이 크게 갈리고 있었다. 검찰 출신은 경찰의 수사 능력에 대한 불신이 컸고, 경찰 출신 역시 검찰에 대한 불만이 많았다. 특히 경찰 출신들은 국가경찰의 권한이 자치경찰로 얼마나 이관될지에 대해 우려가 있었다. 자신들의 일터가 사라지거나 이동될 수 있다는 걱정이었다.

검찰 수사관들도 누구 못지않게 수사권 조정에 촉각을 곤두세우고 있었다. 이들은 대개 검사실에서 검사 보조역으

조국 그리고 민정수석실

로 수사에 참여한다. 그런데 이들이 마치 경찰처럼 수사를 해서 사건을 검사실에 송치하는 경우가 있다. 검사의 지휘를 받기는 하지만, 검사와 분리된 공간에서 자기의 책임하에 하는 수사이니, 수사 실력과 역량을 인정받는 사람들이 검찰 수사관으로 보임되었다. 검찰로서도 검찰에 접수된 고소·고발을 모두 검사가 처리하는 것이 업무상 어렵기 때문에 이 제도를 유지하고 있었다. 검찰 수사관들은 수사권 조정 과정에서 이 제도가 계속 유지되기를 바라고 있었다.

따라서 검찰 수사관들이 검찰 지휘부에 이러한 자신들의 의견을 전달하고 건의했는데, 검찰 지휘부가 청와대 민정수석실이 제도의 설계를 담당하고 있어 어찌될지 모르겠다는 다소 유보적인 답을 준 모양이었다. 그 때문인지 민정수석실에 파견 나와 있는 검찰 수사관들(전 강서구청장 국민의힘 김태우도 이들 중 하나였다)에게서 건의가 들어왔다. 수사권 조정의 실무를 담당하고 있는 이광철 선임행정관에게도 같은 건의가 전달되었다.

민정수석실에서도 이 문제를 정리할 필요가 있어 선임행정관 회의에서 논의가 이뤄졌다. 이광철 선임행정관은 누구의 의견이든 경청하고 합리적이면 수렴해야 한다는 원칙적 입장을 피력했다. 주무를 맡고 있는 그의 의견에 모두 공감했다.

검찰 수사관 측 면담은 이광철 선임행정관이 담당했다.

나는 다른 일이 있어 면담에는 참석하지 못했다. 나중에 들은 바로는 검찰 수사관들을 포함하여 하위 직급에 있는 공무원들의 정책적 건의에 청와대 민정수석실 선임행정관이 면담에 응해준 것은 이번이 처음 있는 일이라고 했다. 민정수석실에 파견 나와 있는 검찰 수사관들이 나를 포함한 선임행정관들에게 자신들의 체면이 살았다고 고마움을 표했다.

민정수석실 내부에서도 출신과 경험에 따라 권력기관 개혁에 대해 서로 다른 생각들을 하고 있었다. 따라서 권력기관 개혁에 대한 논의가 구체화 됨에 따라 이견들이 나타나기 시작했다. 나는 조국 수석에게 민정수석실 내부 회의를 제안했다. 각자의 우려와 의견을 듣고 민정수석실의 입장을 정리해야 한다고 말씀드렸다.

조국 수석은 한참을 고민하더니 회의 소집을 지시했다. 회의는 여러 단위로 조직되었다. 비서관들과 선임행정관들이 하는 확대 비서관 회의뿐 아니라 사안에 따라서는 민정수석실 내의 검·경 출신과 별정직 행정관 전체가 참여하는 회의를 열기도 했다. 회의에 참석하는 사람 모두 각자 이 문제에 대해 고민하고 회의에 참석하라고 당부했다. 민정수석이 직접 나서서 회의를 주관하는 것은 이례적인 일이었다. 자치경찰제와 관련해서는 대략 20여 명이 넘는 사람들이 한 공간에 모여 몇 차례 회의를 했다.

회의에 참석하던 어느 날, 테이블 좌우로 입장이 나뉜 것을 보았다. 내가 웃으며 "우리가 전쟁하는 것도 아닌데 이상하게 진영에 따라 앉아 있네요, 나는 검찰 입장으로 자리를 옮기겠습니다"라고 말하고 옮겨 앉았다. 이렇듯 이 회의는 수차례 열렸고, 이렇듯 우리 안에서 각자가 우려하는 입장을 충분히 수용하는 과정을 거쳐 문재인 정부의 검·경 수사권 조정안이 만들어졌고, 2018년 6월 21일 문재인 정부의 검·경 수사권 조정안이 발표되었다. 당시에 이런 지난한 논의 과정을 거치지 않았다면 내부 갈등이 밖으로 드러나 검·경간의 갈등이 더 커졌을 것이다.

이렇게 우리는 열린 마음으로 일했다. 정책적 차원에서 대통령선거 당시 공약이나 국정기획자문위원회에서 결정된 방침과 부합하는 범위 내에서 정책 이해관계자들의 의견을 경청하고 토의하는 일을 게을리하지 않았다. 그러나 불순한 의도를 가진 접근에는 또 추상같이 임했다. 돌이켜보면 겸손한 자세로 열심히 일한 시절이었다.

# 권력기관을 개혁하다

## 권력기관 개혁의 밑그림을 공개하다

다시 2018년 1월 14일로 돌아가자. 그날은 일요일이었다. 조
국 민정수석이 청와대 춘추관 연단에 섰다. 그 뒤로 네 명의
민정수석실 산하 비서관이 배석했다. 나도 춘추관 한켠에 섰
다. 조국 수석이 입을 열었다.

> 31년 전 오늘, 스물두 살 청년 박종철이 물고문을 받고
> 죽임을 당했습니다. 당시 박종철은 영장도 없이 경찰에
> 불법 체포되어 남영동 대공분실로 끌려가 수배 중인 선
> 배의 소재지를 대라는 강요와 함께 가혹한 물고문을 받
> 고 끝내 숨졌습니다. 당시 검찰·경찰·안기부는 합심하여
> 진실을 은폐하려 했습니다.

조국 그리고 민정수석실

춘추관의 공기는 더욱 묵직해졌고, 조 수석의 발표는 계속됐다.

그해 7월에는 시위 도중 경찰이 쏜 직격 최루탄을 맞고 의식불명에 빠진 이한열 열사가 끝내 사망하기도 했습니다. … 2015년에는 경찰의 물대포 직사로 백남기 농민이 목숨을 잃는 일이 벌어지기도 했습니다. 2016년 국민이 촛불을 들었던 원인, 2017년 대통령이 탄핵되었던 원인, 여기에는 검·경·국정원 등 권력기관의 잘못이 있었음은 하나하나 드러나고 있습니다. 이들 권력기관이 자기 역할을 제대로 했더라면, 반헌법적 국정농단 사태는 없었을 것입니다.

촛불시민혁명에 따라 출범한 문재인 정부는 이 악순환을 끊고자 합니다. "대한민국은 민주공화국이다. 대한민국의 모든 권력은 국민으로부터 나온다"라는 헌법 제1조의 정신에 따라 권력기관은 국민을 위해 봉사하도록 거듭나야 합니다. 문재인 정부는 권력기관을 나누어 서로 견제하게 하면서도, 특성에 맞게 전문화하는 방법으로 권력기관을 재편하고자 합니다. 전체에 대한 설명이 부족했기에, 오늘 문재인 정부의 권력 기구 재편 전반에 대하여 국민 여러분께 설명 드리고자 합니다.

# 권력기관 구조 개혁안(2018년 기준)

## 현행

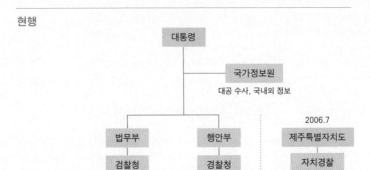

대통령

국가정보원
대공 수사, 국내외 정보

2006.7

법무부 — 검찰청
수사·기소 독점

행안부 — 경찰청
치안·경비
정보·수사

제주특별자치도 — 자치경찰
지역 치안·경비
정보·일부 수사

## 개혁안

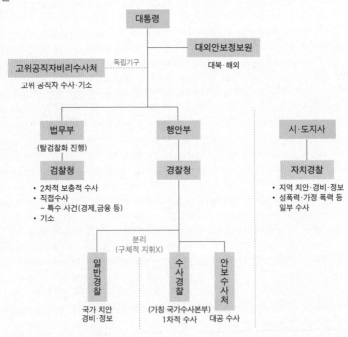

대통령

대외안보정보원
대북·해외

독립기구
고위공직자비리수사처
고위 공직자 수사·기소

법무부
(탈검찰화 진행)
검찰청
• 2차적 보충적 수사
• 직접수사
  – 특수 사건(경제,금융 등)
• 기소

행안부
경찰청

시·도지사
자치경찰
• 지역 치안·경비·정보
• 성폭력·가정 폭력 등
  일부 수사

분리
(구체적 지휘X)

일반경찰
국가 치안
경비·정보

수사경찰
(가칭 국가수사본부)
1차적 수사

안보수사처
대공 수사

이날 조국 수석의 발표에는 한 장의 도표가 등장한다. 이 도표는 문재인 정부 권력기관 개혁의 청사진이요, 밑그림이 되었다. 윤석열 정부 등장 이후 문재인 정부의 권력기관 개혁이 체계적인 검토나 계획 없이 이뤄졌다는 평을 내놓는 분들에게 나는 이 도표를 보았느냐고 묻고 싶다. 이 도표 한 장을 위하여 우리가 기울인 시간과 정성, 그 많은 검토와 토의를 생각하면 지금도 뿌듯하다. 이 도표를 만드는 데 참여할 수 있었다는 것이 지금도 자랑스럽다.

당시 조국 수석이 발표한 권력기관 개혁 방안의 골자는 권력기관의 권한이 남용되지 않고 오직 국민을 위하여 사용되어야 하고, 그러려면 권력기관 사이의 견제와 균형, 권력기관의 권한 분산이 필요하다는 것이었다.

검찰이 수사권과 기소권을 양손에 틀어쥐고, 경찰을 수족처럼 부리는 폐단은 오래전부터 지적되어왔다. 그래서 검찰의 경우 수사·기소 분리를 추진하고, '고위공직자비리수사처'(정식 명칭은 '고위공직자비리수사처'가 아닌 '고위공직자범죄수사처'로 정해졌는데, 이는 공수처가 고위 공직자 범죄의 수사 및 공소를 담당하는 기관임을 분명히 하기 위해서였다) 설치를 통해 고위 공직자들의 범죄에 대한 수사와 검사, 경찰, 판사에 대한 기소를 담당하게 하려 했다.

또한 경찰과 검찰의 관계는 수직적인 지휘·감독 관계가 아닌, 국가형벌권 행사를 위한 상호 협력 관계로 전환하고자 했다. 국정원의 경우 국내 정보 수집 권한과 수사권을 악용한 인권 침해와 정치 공작, 간첩 사건 조작 등 공작 정치를 근절하기 위해 국내 정보와 수사권 폐지를 통하여 순수 정보기관으로 탈바꿈하게 하려 했다.

이 권력기관 개혁안에 따르면 경찰이 더 많은 권한을 갖게 된다. 당연히 남용의 위험이 지적되었다. 경찰도 권한을 나누고 상호 견제와 균형의 원리가 작동되어야 한다는 것에 민정수석실 내부의 의견이 일치했다. 그래서 마련한 것이 국가경찰·자치경찰의 분할이었고, 일반경찰 작용과 수사경찰 작용의 분리였다. 경찰의 권한을 나누기 위해 자치경찰제를, 견제와 균형의 원리로 수사경찰, 즉 국가수사본부를 만들었다. 당시에 검찰이 주장했던 '경찰의 비대화'를 경계한 경찰 분리 방안이었다. 자치경찰제는 권력기관 개혁뿐만 아니라 지방분권과 자치의 관점에서도 매우 중요한 문제였다.

2018년 1월 14일 조국 수석이 발표한 권력기관 개혁 방안은, 검찰개혁과 공수처 설치, 국정원 개혁이 처음 제기되었던 김대중 정부 시절부터 시작되었으며, 특히 2016년 촛불혁명을 통해 표출된 국민적 여망을 담은 것으로, 문재인 대통령이 대선후보 시절 국민에게 약속했던 공약을 구체화한 것이었다. 이날 발표된 방안은 문재인 정부의 권력기관 개혁의 밑그림이었다.

## 검·경 수사권 조정을 이끈 최초의 정부

조국 민정수석의 발표는 배의 출항을 알리는 뱃고동 소리였다. 이제 거친 파도와 비바람을 뚫고 목적지에 도달해야 했다. 좌초해서도 안 되고 회항도 있을 수 없는 항해였다. 이미 2017년 10월 문 대통령이 경찰의 날 축사를 통해 검찰과 경찰 두 기관의 자율적인 합의를 주문하신 터라 방법도 정해져 있었다. 조국 수석은 검찰과 경찰을 직접 논의 테이블에 앉히는 것은 실효적인 방안이 아니라고 보았다. 문재인 대통령은 노무현 정부 당시 민정수석으로 검·경 수사권 조정을 추진할 때 검찰과 경찰이 자기 조직의 기득권을 고수하려는 것을 직접 목도했고, 조국 수석 역시 노무현 정부 당시 경찰 측 자문위원으로 참여하여 수사권 조정 과정을 직접 경험한 바 있었다.

그래서 마련된 방도가 법무부 장관과 행정안전부 장관 사이의 합의 도출이었다. 2018년 2월부터 조국 수석이 두 장관과 3자 회의를 지속하면서 이견을 조율했다. 법무부 장관은 정부조직법상 '검찰 사무의 최고 감독자'였다. 행정안전부 장관의 경우 정부조직법 제34조 제5항에 "치안에 관한 사무를 관장하기 위하여 행정안전부 장관 소속으로 경찰청을 둔다"고 정하고 있고, 행정안전부 장관이 경찰 인사의 제청권자인 만큼 경찰을 대신하여 수사권 조정 테이블에 참여한 것이었다. 나는 이광철 당시 민정비서관실 선임행정관과 같이 회의에 배석했다. 나는 조국 수석의 보좌관으로서 진행 상황을 점검하고, 이광철은 회의 논의를 정리하면서 쟁점이 되는 사항과 향후 추가적으로 논의되어야 할 사항을 검토했다.

3자 회의는 비교적 순탄하게 진행되었다. 박상기 법무부 장관은 형법·형사소송법 학자로서 수사 절차에 학문적 조예가 깊은 분이었다. 김부겸 행정안전부 장관은 정치인 출신으로 검·경의 상호 견제와 균형이라는 대의에 깊은 공감과 이해를 갖고 있었다. 김부겸 장관은 담대하고 시원시원했고, 박상기 장관은 꼼꼼했고 조용한 성품이었다. 2018년 1월 14일 조국 수석이 발표한 권력기관 개혁 방안은 이 3자 회의체의 지침이 되었다.

하지만 매번 순탄하기만 한 것은 아니었다. 특히 '경찰의 1차 수사종결권' 인정 문제는, 경찰에게 불송치 결정권을 부여하는 문제라서 검찰에게 부여된 기소 재량 영역의 문제로 볼 소지도 있었다. 법무부의 이견이 있을 수 있는 문제였다. 그러나 세 사람은 크고 작은 이견을 원만히 조정해냈다. 중간에 법무부 법무·검찰개혁위원장인 한인섭 서울대 법학전문대학원 교수와 경찰청 경찰개혁위원장인 박재승 변호사가 합류하여 시민의 시각에 입각한 수사권 조정의 방안을 보탰다. 수사권 조정안에 수사 문제뿐만 아니라 자치경찰제에 대한 계획안까지 담았다.

3자 간 합의가 도출되었다. 정부 차원에서 검·경을 관리·

감독하는 장관들이 수사권 조정 방안을 합의한 것은 정부 수립 이후 처음 있는 일이었다. 이 내용은 곧 대통령에게 보고하고 재가를 받았다. 이후 민정수석실은 이를 국민 앞에 발표할 방안을 강구했다. 발표 후 검찰의 반발을 질서 있게 수렴하고, 안정적으로 관리하는 방안도 필요했다.

수사권 조정 정책의 무게와 정부 수립 후 법무부·행정안전부 두 부처 장관의 최초 합의라는 역사성을 국민에게 알리는 방안으로 마련된 것이 국무총리의 발표였다. 조국 수석이 이낙연 국무총리를 찾아가 수사권 조정 정부 합의안이 나오게 된 경위와 내용을 보고했다. 나와 이광철 선임행정관은 이 자리에도 배석했다. 이낙연 총리는 별말이 없었지만 검찰의 반발을 걱정하는 눈치였다.

마침내 2018년 6월 21일, 역사적인 수사권 조정 정부 합의문이 발표되었다. 이낙연 총리가 그 내용을 발표하고, 박상기 법무부 장관과 김부겸 행정안전부 장관이 합의문에 서명했다. 내용을 충분히 설명하기 위해 조국 수석이 직접 기자들에게 합의문의 내용을 브리핑했다. 나 또한 역사적인 순간을 함께했다는 생각에 자부심을 느꼈다. 하지만 이 일로 조국 수석의 불행이 시작될 줄 그때는 몰랐다.

검·경 수사권 조정에 대한 정부 합의를 도출한 것은 매우 큰 의미가 있는 일이었지만, 여전히 갈 길이 멀었다. 국가의 모든 중요 정책은 국회의 입법을 통하여 제도화돼야 한다. 중요 정책에 관하여 여당의 동의는 필수적이다. 야당을 존중하며 설득하는 일도 행정부의 당연한 자세다. 조국 수석은 수사권 조정에 대해 법무부와 행정안전부가 협의해 나가는 동안 틈틈이 진행 상황을 더불어민주당과 공유하고 당의 의견을 경청했으며, 문 대통령에게 이를 보고드리고 재가된 사항을 추진해갔다. 더불어민주당 출신인 나도 당·청 간 가교 역할을 일부 맡기도 했다.

2018년 당시 제20대 국회에서는 여당인 더불어민주당이 원내 제1당이기는 했지만, 과반 의석을 보유하지는 못했다. 더구나 박근혜 정부 시절 도입된 이른바 국회선진화법이 시행되어 국회에서 야당이 동의하지 않는 법안을 통과시키려면, 5분의 3 이상의 동의를 얻어 이른바 패스트트랙(신속처리안건)에 법안을 회부하고 180~240일이 지난 다음에야 본회의에 상정할 수 있었다. 수사권 조정이 검찰 기득권을 건드릴 뿐만 아니라, 조국이 주도한 정책이었기 때문에 당시 야당인 자유한국당(현 국민의힘)은 강력하게 반대하고 있었다.

더불어민주당 내의 반대도 문제였다. 특히 법사위 간사

인 금태섭 의원은 원론적인 입장을 견지하며 반대의 목소리를 강하게 냈다. 여소야대 국회 상황에서 여당 내에서 파열음이 나는 것은 중대한 문제였다. 당 내부에서 금 의원에 대한 비판의 목소리가 나왔다. 더불어민주당 간사인지 야당 의원인지 모르겠다는 비판이었다. 작지만 한 발짝이라도 진전되는 안을 만들어내야 했다. 공수처 설치에 반대하는 금태섭 의원을 설득하기 위해 많은 노력을 기울였지만 큰 성과는 없었다.

금태섭 의원이 더불어민주당에서 전략기획위원장을 맡고 있을 때 내가 전략기획국장이었다. 그 인연으로 그를 만나서 설득해보았지만, 그의 주장은 분명했다. 검찰의 직접수사 부서인 특수부(반부패수사부)는 폐지하는 것이 맞고, 직접수사 기구인 공수처 신설은 검찰개혁이라고 볼 수 없다는 입장을 굽히지 않았다. 그러면서 자신이 야당과 친하게 지내는 이유는 야당에 자신의 주장을 설명하고 동의를 얻기 위해서라고 했다. 도저히 설득이 안 됐다. 국회에는 2019년까지 두 차례 사법개혁특별위원회가 설치되었지만, 성과는커녕 어떤 의미 있는 진전도 없었다.

일부 검사 출신 의원을 비롯해 검찰개혁에 소극적이거나 반대하는 의원들은 매우 원론적이고 이상적인 주장을 펼치며 개혁안에 대해 비판하며 법안 처리를 지연하곤 했다. 그리고 경찰의 수사 능력에 대한 불신도 컸다. 과거 군사독재 시절 정보경찰의 패악을 경험한 바 있기에 경찰 자체에 대한 불신도 한몫했다. 가장 큰 문제는 완전한 개혁을 빙자하여 개혁을 저지하는 입법 방해 전술을 펴는 이들이었다. 이들은 본인만 개혁주의자이고 나머지는 준비되지 않은 개혁이라는 주장을 했다. 완전한 개혁이 여소야대 국회에서는 이뤄지지 않는다는 것을 잘 알면서 이를 핑계로 삼은 것이다.

이런 상황에서 민정수석실은 당·정·청 협의 결과 수사권 조정 정부 합의문의 내용을 형사소송법 개정안과 검찰청법 개정안으로 나누어 담고, 별도로 공수처 설치 법안을 마련하되, 행정부 발의 대신 의원 발의로 추진하기로 했다. 더불어민주당과 바른미래당, 정의당과 연대하여 패스트트랙으로 수사권 조정 법안의 국회 통과를 도모하기로 했다.

이에 따라 민정수석실은 법무부와 함께 형사소송법 개정안, 검찰청법 개정안, 공수처 설치 법안 등을 마련하고, 이를 경찰청과도 조율했다. 그 결과 2018년 11월 검찰청법, 형사소송법의 개정안과 자치경찰법, 공수처 설치 법안 등이 여당 의원에 의해 발의되었다.

이것으로 민정수석실에서 나의 역할이 끝났다고 생각했다. 이제 공은 국회로 넘어갔고, 민정수석실은 권력형 비리 예방, 공직 내부 누수 방지 등 정권 내부 관리의 시대로 접어들었다고 생각했다. 국회 내에서 벌어지는 정치적 합의와 검·경 수사권 조정의 세부 사항들은 더불어민주당과 청와대에 있는 법률가들의 역할이지 내가 잘할 수 있는 일은 아니라고 생각했다. 나의 일은 주로 기획과 조정 등 정치 영역에서의 일이었기 때문이다.

내가 청와대를 나온 직후인 2019년 2월 15일 문재인 대통령은 국정원·검찰·경찰 개혁 전략 회의를 직접 주재하면서 세 기관의 개혁 작업과 입법 준비 상황을 점검했다. 당시 회의에 배석했던 사람이 문 대통령의 말씀 중 기억에 남는 두 가지를 나에게 전했다.

문 대통령은 수사권 개혁 입법에 대해 "분명히 물을 가르고 나갔는데 도로 합해져 버리는 물이 될까 참으로 두렵다"는 말씀을 했다고 한다. 검·경이 수사권 조정 등에 합의했지만, 그 과정이 고단했던 만큼 끝까지 긴장의 끈을 놓지 말아야 한다는 당부였다.

다른 하나는 "수사기관에서는 사건을 캐비닛에 넣어두지 않도록 해야 한다"는 의미심장한 말이었다. 검찰의 잘못된 수사 관행을 일컫는 표현인데, 검찰의 유불리에 따른 정치 수사는 없어야 된다는 말이었다.

문 대통령은 검찰이 그동안 휘두른 독점 권력을 막아내기 위해서는 법률을 통한 제도화가 유일한 길임을 강조했던 것이다. 문재인 정부, 그리고 민정수석실이 권력기관 개혁의 입법과 제도화에 주력했던 이유다.

마침내 2019년 4월 수사권 개혁 입법이 국회의 패스트트랙으로 상정되었고, 그 결과 공수처법은 2019년 12월 30일에, 검찰청법·형사소송법 개정안은 2020년 1월 13일에 국회 본회의를 통과했다. 이때 나는 민간 기업에 근무하고 있었는데, 내가 참여했던 개혁 방안이 제도화되었다는 것에 실로 감개무량했다.

개정된 검찰청법과 형사소송법은 2020년 2월 공포되어 2021년 1월 1일부터 시행되었다. 그러나 문재인 정부가 어렵사리 이루었던 검·경 수사권 조정은 오래가지 못하고 빛이 바랬다. 2022년 들어선 윤석열 정권은 국회가 입법한 법률을 하위 규범인 행정부 시행령을 이용해 무력화했기 때문이다. 이른바 '시행령 쿠데타'였다.

문재인 전 대통령이 우려한 대로 '물을 가르고 나갔지만 도로 물이 되어버린 형국'이 된 것이다. 결국 제도를 운용하는 사람의 의지가 얼마나 중요한지 깨닫게 되었다. 아울러 검찰이 사건을 캐비닛에 넣어두고 수사로 정치하는 못된 버릇도 여전하다. 검찰은 행정부에 마지막으로 남아 있는 거대한 적폐 덩어리다.

## "결코 국정원을 정치적으로 이용하지 않겠다"

검찰개혁과 검·경 수사권 조정 못지않게 중요한 개혁 과제가 국정원 개혁이었다. 권력기관 개혁의 일환인 국정원 개혁도 민정수석실 소관 과제였다. 국정원 개혁에 대해서는 더불어민주당에서도 결이 다른 의견이 있었던 것이 사실이다. 야당일 때에야 국정원의 정치적 기능에 대해 비판하지만, 집권 세력일 때에는 폐단을 없애면서 긍정적 기능은 살려야 한다는 것이었다.

사실 나도 비슷한 생각이었다. 나는 조국 수석에게 국내 정보 폐지는 권력기관 개혁과 병행해 이루어져야 한다는 의견을 냈다. 국정원이 검찰을 견제하는 힘은 검사들의 비위 관련 정보를 가진 데에서 나온다고 생각했기 때문이다. 조국 수석도 고개를 끄덕였다. 하지만 문재인 대통령의 입장은 단호했다. 문재인 정부 초기였던 2017년 6월 서훈 국정원장은 국정원의 국내 담당 정보관(Intelligence Officer, IO)들의 기관 출입을 폐지했다. 8월에는 아예 국내 정보 수집 분석 부서(7국, 8국)를 해편解編(해체하고 다시 편성함)했다. 내 의견과는 달랐지만 대통령의 지시를 충실히 이행했다. 이는 문 대통령의 의지에 따라 민정수석실과 소통하여 이뤄진 조치들이다. 그때 만약 국내 정보 수집을 금지하지 않았다면 이른바, 검찰의 쿠데타를 미리 막을 수 있지 않았을까 하는 생각도 해본다.

국정원 개혁은 두 갈래로 진행되었다. 하나는 제도 개혁이었다. 대선 과정에서 문재인 후보는 국정원을 '대외안보정보원'으로 명칭을 바꾸고 국내 문제에 개입·관여하지 않고 북한과 해외를 전담하는 조직으로 탈바꿈시키겠다고 약속했었다. 그러자면 국내 정보와 수사를 직무에서 제외하는 입법이 필요했다. 직무 범위를 제한하는 것 외에도 안보를 빙자하여 거액의 '특수활동비'를 본래 목적에 사용하지 않고 대통령의 정치자금으로 상납하거나 국정원 내부에서 전용하는 관행을 고치고자 했다.

또 하나는 국정원 내부의 적폐 청산 문제였다. 국정원의 국내 정보 기능을 악용하여 정치인과 민간인을 사찰하고, 뒷조사하고, 해외에서 정치 공작을 하는 등의 문제들이 산적해 있었다. 진상을 정확히 밝히고 밝혀진 진상에 알맞은 책임을 묻는 것이 국민에 대한 도리였다.

이러한 두 가지 과제를 수행하기 위해 '국정원개혁발전위원회'가 출범했다. 여기에는 외부 전문가들과 국정원 내부의 주요 간부들이 참여했다. 국정원개혁발전위원회는 국정원법 개정안 등 제도 개혁의 방안을 마련하는 한편, 22개 개혁 과제를 선별하여 진상을 조사하고 검찰에 수사 의뢰하는 등의 조치를 취했다. 이러한 국정원 개혁 과정에서 민정수석실은 국정원개혁발전위원회가 국정원 개혁을 잘 이끌어가도록 돕는 데 힘썼다.

국정원 개혁이 치열하게 진행되던 2018년 7월 20일 문재인 대통령이 국정원을 방문했다. 나도 조국 수석을 보좌하여 동행했다. 대통령은 서훈 원장에게서 국정원 현황 및 개혁 과정을 보고받은 후 "여러분이 충성해야 할 대상은 결코 대통령 개인이나 정권이 아니다"라며 "결코 국정원을 정치적으로 이용하지 않겠다. 정권에 충성할 것을 요구하지 않겠다"라고 말씀하셨다. 이처럼 국정원의 탈정치화, 국정원의 순수 정보기관화에 대한 대통령의 의지는 확고했다.

민정수석실에서 국정원 개혁 작업을 추진했던 과정을 돌이켜보면 씁쓸한 심정이 들기도 한다. 윤석열 집권 후 서훈 전 원장이 구속되었다. 국정원의 권한을 정치적으로 악용했다거나 국정원 예산으로 개인적인 치부를 한 것도 아닌, 이른바 '동해사건'과 '서해사건'에서 정무적 판단을 한 것을 문제삼았다. 나는 정무적 판단이 형사처벌의 문제가 된다는 것을 도저히 납득할 수 없었고, 그것을 이유로 평생을 '국정원맨'으로 살아온 서훈 전 원장을 구속한 것에 분노가 치민다.

서훈 전 국정원장의 후임자였던 박지원 전 국정원장도 현재 기소된 상태다. 박근혜 정부 국정원장들이 모두 구속·기소되었으니 문재인 정부의 국정원장들도 처벌받아야 하는 것 아니냐는 이들이 있는데, 말도 안 되는 궤변이다. 박근혜 정부의 국정원장들이 처벌받은 것은 모두 세월호 민간인 사찰이나 정치인 사찰, 국정원 특활비 상납 등 중대한 비리에 연루되었기 때문이다.

## '계엄령 문건'과 국군기무사령부의 재탄생

국군기무사령부(기무사) 역시 검찰과 경찰, 국정원만큼이나 탈도 많고 말도 많았던 조직이다. 기무사는 과거 군사정권을 지탱해준 군 정보기관의 후신이었다. 전두환 정권 시절 안기부를 능가하는 위세를 부렸던 국군보안사령부는 1990년 윤석양 이병의 민간인 사찰 폭로 이후 국군기무사령부로 이름만 바꿔어 존속하고 있었다.

박근혜 정부 시절 기무사는 세월호 유가족 등 민간인을 사찰하고 촛불 집회 참가자들을 '종북 세력'으로 규정하는 등의 문제가 누적되었다. 문재인 정부는 출범 이후 적폐 청산에 대한 국민적 요구에 따라 기무사 내부의 부조리한 관행을 혁파하고, 역사적 과오의 진상 규명 작업을 위해 기무사개혁위원회를 구성했다. 민정수석실에서는 적폐 청산을 각 부처·기구의 자율적 활동에 맡긴다는 원칙을 지키면서 기무사개혁위원회 활동을 사후적으로 점검하고 있었다.

그러던 중 2018년 7월 5일, 이철희 당시 더불어민주당 의원이 '전시 계엄 및 합수 업무 수행 방안'이라는 문건 일부를 공개했다. 박근혜 대통령에 대한 탄핵 심판이 진행 중이던 2017년 초에 기무사가 계엄령을 선포하여 군이 정부 부처와 언론, 국회를 장악하는 시나리오를 작성했다는 것이다.

다음 날 시민단체인 '군인권센터'가 이 문건의 전모를 공개했다. 군인권센터는 이 문건을 분석하고 시나리오에 따른 군의 배치도를 만들어 자료로 배포했다. 문건 내용도 심각한 것이었지만, 군인권센터가 만든 군 배치도가 주는 충격은 더

조국 그리고 민정수석실

컸다. 지난날의 12·12군사쿠데타와 5·18광주학살이 연상되었고, 전국적으로 이에 대한 분노가 확산되어갔다. 당시 인도 순방 중이었던 문 대통령은 민·군 합동 독립수사단을 구성해 계엄령 문건에 대해 신속하고 공정하게 수사할 것을 지시했다. 대통령의 지시에 따라 수사단이 구성되었는데, 사건 관련자 중 전역한 민간인이 많아 군과 민간 검찰이 합동으로 수사를 진행해야 했다. 수사는 절차에 따라 독립적으로 진행되었다.

이와 별개로 기무사의 내부 체계도 다시 검토해야 했다. 군의 방첩과 수사의 직무가 원활하게 수행되도록 하면서도 과거 기무사의 잘못을 혁파하고 군의 엄정한 정치적 중립과 군의 방첩 역량을 더욱 발전시켜야 하는 과제가 제기되었다. 기무사의 대대적인 개편을 더는 미룰 수 없는 상황이었다. 대통령은 2018년 8월 2일 기무사의 전면적이고 신속한 개혁을 위해 현재의 기무사를 해체하고 재편성해 잘못된 과거로부터 단절된 새로운 사령부를 창설하도록 지시했다. 한 달 후, 9월 1일 기무사령부는 사라지고 새로운 '군사안보지원사령부'가 창설되었다. 그러나 군사안보지원사령부는 윤석열 정부가 들어선 직후 '국군방첩사령부'로 이름이 바뀌었다.

# 헌법, 국민의 삶을 담는 그릇

## 대한민국은 아직도 제6공화국

김영삼 정부 시절이었던 1995년 10월 19일 박계동 당시 민주당 의원이 국회 본회의장에서 '노태우가 조성한 비자금 4,000억 원'을 폭로했다. 수사 결과 박 의원의 폭로가 사실로 밝혀져 그해 11월 16일 노태우는 전직 대통령으로서는 처음으로 구속 수감되었다. 이른바 '6공 비리' 사건이다. 물론 6공은 '제6공화국'의 줄임말이었다. 이 무렵 전두환 정권은 '5공', 노태우 정권은 '6공'으로 불렸다.

그러면 지금은 몇 공화국일까? 여전히 제6공화국이다. '6공'은 노태우 정권을 가리키는 대명사가 아니다. 노태우 정권은 제6공화국의 초대 정부였을 뿐이다. '제○공화국'이라는 명칭은 개헌을 통한 헌정 체제의 현저한 변화를 기준으로 한다. 헌법이 전면적으로 개정되어야 공화국의 차수가 변경된다. 1987년 이후 헌법이 개정된 적 없으니 우리는 아직 제6공화국에 살고 있는 셈이다.

1987년 역사적인 6월 항쟁의 결실로 그해 10월 '대통령 직선제'와 '5년 단임제'를 핵심으로 하는 제9차 개헌이 있었다. 대통령 직선제 이외에도 "대한민국 임시정부의 법통과 불의에 항거한 4·19민주이념을 계승하고, 조국의 민주개혁과 평화적 통일의 사명"을 헌법 전문에 명시했고, 국군의 정치적 중립 명시, 대통령의 비상조치권 및 국회해산권 폐지, 국회의 국정감사권 부활, 구속적부심을 포함한 신체적 자유 등이 이때 개정된 헌법에 담겼다. 당시로서는 매우 의미 있는 민주주의의 제도화였다. 이른바 '87년 체제'다.

국가의 최고 규범인 헌법은 국민의 기본적 인권을 보장하고 국가 통치 조직의 구성·권한·상호관계를 규정하는 기본법이다. 그런 점에서 헌법은 국민의 삶을 담는 그릇이다. 1987년 제9차 개헌 이후 35년이 넘었다. 강산이 세 번 바뀌고도 남는 세월이다. 1987년에 3,480달러였던 1인당 국민소득이 3만 5,990달러(2022년)로 열 배 이상 늘었고, 국민의 삶도 몰라보게 달라졌다. 정치체제나 사회제도, 국민의 기본권 등에 대한 의식도 달라졌다. 물론 지금의 헌법도 훌륭한 헌법이고 개정 당시의 시대정신을 반영한 것이지만, 35년이 지난 헌법으로는 국민의 삶을 제대로 담을 수 없게 됐다. 특히 자유와 안전, 인간다운 삶, 사회적 정의와 공정, 균형 발전과 자치 등 다양한 국민의 요구를 더 이상 제대로 반영하지 못한다. 이는 성인이 중학생 교복을 입고 있는 것과 비슷하다.

그래서 노무현 대통령 이래 역대 정부들은 제10차 개헌을 모색하거나 제안했다. 노무현 대통령은 2007년 1월 9일 대국민 특별담화를 통해 '대통령 4년 연임제' 개헌을 제안했다. 국민적 합의 수준이 높고 시급한 과제에 집중해 헌법을 개정하는 '원포인트 개헌'이었다. 그러나 당시 야당이었던 한나라당은 노무현 대통령의 제안을 묵살해버렸다. 이명박도 2011년 1월 "현행 헌법이 변화된 시기에 맞지 않는 부분이 많다"며 한나라당 지도부에 개헌 논의를 지시했다. 노무현 대통령의 개헌 제안에 대해 "참 나쁜 대통령"이라고 비난했던 박근혜조차도 2011년에는 "저는 집권 후 4년 중임제와 국민의 생존권적 기본권 강화 등을 포함한 여러 과제에 대해 충분히 논의하고 국민적 공감대를 확보해서 도움이 되는 개헌을 추진해나가겠습니다"라고 했다. 이렇듯 제10차 개헌은 특정 정파의 정략적 이해가 아닌 시대적 요구였다.

### 민정수석실의 개헌안 준비와 대국민 브리핑

문재인 대통령은 2017년 5·18민주화운동 37주년 기념식에서 "5·18정신을 헌법 전문에 담아 개헌을 완료할 수 있도록

조국 그리고 민정수석실

이 자리를 빌려 국회의 협력과 국민의 동의를 정중히 요청드린다"고 밝혔다.

이후 문재인 대통령의 지시에 따라 민정수석실과 정무수석실은 2017년 6월부터 개헌안을 준비했다. 김형연 법무비서관과 정영태 법무비서관실 선임행정관이 진성준 정무비서관과 함께 논의를 시작했다. 이들은 일단 개헌 추진 일정, 국민적 관심과 참여를 끌어낼 방안부터 논의했다.

2018년 6월 실시되는 전국동시지방선거에서 개헌안 국민투표도 함께 실시하는 방안을 추진했다. 대통령이 제안한 개헌안은 20일 이상 공고해야 하고, 국회는 공고일로부터 60일 이내에 의결해야 하며, 의결 후 30일 이내 국민투표를 실시해야 한다. 이런 절차를 고려하면 2018년 3월 말까지 개정안을 마련해 공고하고 5월 하순까지 국회의 동의를 받아야 했다.

2018년 2월 대통령 직속 정책기획위원회 산하에 '국민헌법자문특별위원회'가 출범한 이후에는 위원회와 긴밀히 소통하면서 개헌안을 준비했다. 국민헌법자문특별위원회는 홈페이지를 통한 여론 수렴, 권역별 숙의형 시민 토론회 개최 등을 거쳐 2018년 3월 13일에 문재인 대통령에게 '국민헌법자문안'을 보고했다. 물론 민정수석실과 정무수석실이 주도해서 만든 개헌안이었다. 대통령은 마련된 개헌안의 의결 및 발의 절차를 시작하기 전에 먼저 국민에게 개헌안의 내용과 취지를 설명하라고 지시했다.

대통령의 지시로 민정수석실은 비상이 걸렸다. 날마다 밤을 새워가며 발표할 설명 자료를 준비해야 했다. 법무비서관실의 정영태 선임행정관이 초저녁까지 초안을 마련한 후 민정비서관실 이광철 선임행정관과 내가 함께 검토해 수정·보완했다. 1차 수정된 발표 자료를 저녁 9시쯤 조국 민정수석에게 보고하고 수정 지시를 받아 다시 작성했다. 그렇게 만든 안을 이튿날 오전 민정수석실 선임행정관 회의에서 다시 한번 고치고 비서관 회의에서 다시 검토한 뒤, 부랴부랴 최종안을 확정해 오전 11시에 조국 수석이 발표하는 식이었다.

### "이제 '국회의 시간'입니다"

2018년 3월 20일부터 22일까지 3차에 걸쳐 조국 민정수석이 청와대 춘추관에서 개헌안을 브리핑했다. 원래는 일찍 개헌안을 마련해 매주 한 번씩 3주 동안 발표할 예정이었으나 개헌안 마련이 늦어지면서 3일 동안 연이어 발표하기로 했다. 발표 첫날인 3월 20일에는 전문과 기본권, 둘째 날인 21일에는 지방분권과 국민주권, 마지막 22일에는 정부 형태 및 헌법기관 권한 순서였다. 김형연 법무비서관과 진성준 정무비서관이 배석했고 나도 이광철 선임행정관, 정영태 선임행정관 등과 함께 그 자리에 있었다.

마지막 22일 발표를 앞두고 내가 발표문의 마지막 부분

조국 그리고 민정수석실

에 추가할 문구를 제안했더니, 조국 수석이 받아들여 발표문에 넣었다. 이런 내용이었다.

> 이제 시간이 얼마 남지 않았습니다. 더 이상 미룰 수가 없습니다. 국회에 당부드립니다. 이제 '국회의 시간'입니다. 주권자인 국민의 뜻에 따라, 국회의 권한에 따라 대통령이 제안한 헌법 개정안을 충분히 토론하고 검토하여 주십시오. 그리고 필요하면 국회가 개헌안을 발의해 주십시오. 국회가 합의하여 국회 개헌안을 제출해 주십시오. 다시 한번 간곡히 호소합니다. 양보와 타협을 통해 국민의 희망을 이루어 주십시오. 국민의 삶을 담는 그릇인 헌법을 국회가 완성하여 주십시오.

내가 의도했던 대로 "이제 '국회의 시간'입니다"는 '어록'이 되었다. 당시 많은 언론이 이 문구를 제목으로 뽑아 보도했다.

야당과 보수 진영에서는 "정부의 개헌안을 국무회의를 거치지 않고 민정수석이 발표하는 것이 위헌"이라고 시비를 걸었다. 그러나 이런 주장은 기본적인 사실관계를 왜곡한 억지 모함이었다. 대통령의 개헌안 발의를 보좌해 개헌안을 마련하고 발의 전에 국민에게 설명하는 것은 조국 민정수석과 민정수석실의 당연한 업무였다.

민정수석실이 마련한 헌법 개정안의 주요 내용을 요약하면 다음과 같다.

첫째, 기본권과 국민주권을 확대·강화했다. 기본권 주체를 '국민'에서 '사람'으로 확대하고 공무원을 포함한 노동자의 권리를 강화했다. 생명권과 안전권, 알권리, 자기정보통제권, 사회보장을 받을 권리 및 성별·장애 등에 따른 차별 개선에 노력할 국가의 의무 등을 신설하는 한편, 사회적 약자의 권리를 강화하여 인간으로서의 존엄성을 존중받을 수 있도록 했다. 또한 국민발안제와 국민소환제를 도입하여 직접민주제를 대폭 확대했다.

둘째, 대한민국의 지속 가능한 성장을 위해 지방자치를 강화했다. 지방정부에 자주조직권을 부여하고, 자치행정권·자치입법권을 강화하는 한편, 자치재정권을 보장했다. 그리고 지방자치에서 실질적 민주주의가 실현될 수 있도록 지방정부의 자치권이 주민에게서 나온다는 것을 명시하고, 주민이 지방정부를 조직하고 운영하는 데 참여할 권리를 가진다는 점을 명확히 했으며, 주민발안·주민투표·주민소환 제도의 헌법적 근거를 신설했다.

셋째, 경제 질서와 관련해 불평등과 불공정을 시정하고자 했다. 경제주체 간의 상생을 강조하고 토지공개념의 내용을 분명히 하는 한편, 국가에 농어민 지원, 사회적 경제 진흥, 소비자 운동, 기초 학문 장려 등의 의무를 부과했다.

넷째, 정치 개혁을 위해 선거 연령을 만 18세로 낮추고, 국회의원 선거의 비례성 원칙을 헌법에 명시했으며, 선거운동의 자유를 최대한 보장했다. 대통령의 국가원수 지위를 삭제하고, 예산법률주의를 도입하는 등 대통령의 권한을 분산하고 국회의 권한을 강화했다. 책임정치 구현과 안정된 국정 운영을 위해 대통령 4년 연임제를 채택했다.

다섯째, 사법제도를 개선했다. 대법원장의 인사권을 분산하고 절차적 통제를 강화했으며 국민의 재판 참여가 가능하도록 해 사법의 민주화가 이루어질 수 있게 했다. 평시 군사재판과 비상계엄하의 단심제를 폐지함으로써 국민의 기본권이 침해되지 않도록 했다. 법관 자격을 요구하는 규정을 삭제하여 헌법재판소 재판관 구성을 다양화할 수 있도록 함으로써 사회 각계각층의 입장이 재판에 균형 있게 반영될 수 있게 했다. 검찰의 영장청구권을 삭제하여 영장청구 주체에 관한 규정을 헌법사항이 아닌 법률사항으로 변경했다.

이 밖에도 현행 전문에 부마항쟁과 5·18광주민주화운동, 6·10민주항쟁 계승을 추가했고 '자치·분권, 지역 간의 균형 발전, 그리고 자연과의 공존'도 추가했다. 공무원이 재직 중은 물론 퇴직 후에도 공무원의 직무상 공정성과 청렴성을 훼손해서는 안 된다는 점을 명시해서 고질적인 '전관예우' 관행을 혁파하려는 의지를 담았다. 국가가 문화의 자율성과 다양성을 증진하기 위하여 노력해야 한다는 점도 명시했다.

## 투표 불성립, 당리당략으로 개헌안을 외면해버린 야당들

문재인 정부에서 성안成案한 헌법 개정안은 3월 26일 오전 이낙연 국무총리가 주재한 국무회의에서 의결되었다. 당시에 UAE를 방문 중이었던 문 대통령은 이날 오후 전자 결재를 통해 국무회의에서 의결된 개헌안을 재가했고, 김외숙 법제처장을 통해 국회에 제출했다. 헌법상 규정에 따라 관보에 게재되어 20일 동안의 공고 기간을 거친 개헌안은 5월 24일 국회 본회의에서 표결에 부쳐졌다.

그러나 야당이 집단적으로 표결에 참여하지 않았고, 더불어민주당 112명, 무소속 2명 등 114명만 참여해서 의결정족수인 재적 3분의 2(192명)에 못 미쳤다. 민정수석실과 정무수석실이 1년 가깝게 고생해서 마련한 개헌안은 의결정족수 미달로 '투표 불성립' 처리됐다. 대통령이 발의한 개헌안이 국회에서 표결도 하지 못하고 무산돼버린 것이다. 촛불혁명을 통해 새로운 대한민국에 대한 국민적 요구가 확인됐지만, 야당의 당리당략에 의해 '제7공화국'의 비전은 좌초되었다.

다음 날인 5월 25일 문재인 대통령은 개헌안 투표 불성립에 대한 입장을 냈다.

98

많은 정치인이 개헌을 말하고 약속했지만, 진심으로 의지를 가지고 노력한 분은 적었습니다. 이번 국회에서 개헌이 가능하리라고 믿었던 기대를 내려놓습니다. 언젠가 국민께서 개헌의 동력을 다시 모아주시기 바랍니다. 진심이 없는 정치의 모습에 실망하셨을 국민께 다시 한 번 송구하다는 말씀을 드립니다.

그러나 정작 송구해야 할 사람은 대통령이 아닌 야당 국회의원들이었다.

# 박형철과 김태우, 윤석열의 사람들

### 반부패비서관실

적폐 청산과 부패 척결을 중요한 국정과제로 삼은 문재인 정부는 출범 직후 민정수석실 산하에 '반부패비서관실'을 신설하여 반부패 정책의 수립, 추진, 점검 등을 총괄하면서 대통령을 보좌하도록 했다.

참여정부 시기에 '반부패관계기관협의회'를 만들어 노무현 대통령 주재로 10차례 진행했었는데, 문재인 정부에서 이를 '반부패정책협의회'로 복원했고, 새로 신설된 반부패비서관실이 반부패 정책의 컨트롤 타워 역할을 수행했다. 문재인 대통령이 주재한 반부패정책협의회에서는 공공기관 채용 비리 근절, 공공 분야 갑질 근절, 학사 비리 및 유치원 공공성 확보 등이 논의되고 확정된 후 추진되었다.

청와대 민정수석실 초대 반부패비서관은 검사 출신의 박형철 변호사였다. 그는 대검찰청 공안2과장, 서울중앙지방검찰청 공공형사부장을 거쳐 2013년에는 윤석열 당시 수원지검 여주지청장이 팀장을 맡았던 국정원 대선 개입 수사팀의 부팀장을 맡았다. 이 때문에 박근혜 정부에 의해 좌천되어 부산고등검찰청 검사로 근무하다가 2016년에 검찰 조직을 떠나 변호사로 활동하고 있었다. 아마도 이런 이력 때문에 일찌감치 반부패비서관으로 천거되었던 것 같다.

내가 후일 조국 민정수석에게 박형철 비서관이 임명된 경위를 물었더니 조국 수석은 "글쎄요. 저보다 하루 늦게 임명되긴 했지만, 제가 민정수석에 취임했을 때 이미 반부패비서관으로 내정되어 있더군요"라고 답했다. 박형철 비서관은 나중에 '유재수 감찰 무마' 사건, '울산 하명 수사' 사건, 특감반원 김태우 사건 등 윤석열 검찰이 문재인 대통령과 청와대를 겨냥한 사건들에 직·간접적으로 관여하게 된다.

### 검찰 손에 떨어진 특별감찰반

청와대 민정수석실에는 두 개의 특별감찰반(특감반)이 있었다. 공직자의 비리 혐의를 감찰하는 반부패비서관실의 특감반과 대통령의 친인척 등을 관리하는 민정비서관실의 특감반이었다. 특감반원 대부분은 검찰과 경찰에서 파견된 공무원들이었다.

　박형철 비서관은 초대 특감반장으로 공안검사 출신인 이인걸 변호사를 추천했다. 청와대 내에서 공안검사 출신을 임명하는 것에 대한 반대의 목소리가 터져 나왔었다. 특히 민정수석실 내부 반발도 심했다. 박형철 비서관은 "비서관이 선임행정관 하나도 추천 못 합니까?"라며 조국 수석에게 항변했다. 조국 수석은 결국 박형철의 손을 들어줬다. 결국 공안검사 출신을 특감반장에 임명함으로써 특감반은 박형철 비서관의 완벽한 통제권 안에 들어갔다. 만약 그때 다른 선택을 했다면 뒤에 언급할 특감반 사태는 일어나지 않았을지도 모른다.

　조국 수석은 검찰 출신인 그가 청와대에 들어와서 행여 고립될까 봐 염려해 그를 많이 배려하라고 나에게도 여러 차례 당부했다. 그러나 박형철 비서관과 나는 늘 부딪혔다. 내가 보기에 그는 문재인 정부의 국정철학에 동의하지 않았다. 그는 검·경 수사권 조정이 본격화되자 드러내놓고 검찰의 입장을 옹호했다. 나는 2019년 8월 이른바 '조국 사태' 당시에 그가 윤석열을 위해 움직였다고 생각한다. 사태 초기 청와대는 중요한 국면마다 박형철을 통해 전해 들은 검찰의 입장에 기울어 오판을 거듭했다. 내 생각에, 박형철은 결국 검사였고 윤석열의 사람이었다.

　　　　　　　　　　　　　　　　조국 그리고 민정수석실

## 반부패비서관, 결국 검사였던 박형철

박형철 비서관은 같이 일해보니 스마트한 사람이었다. 업무 능력도 좋았고, 운동도 잘했다. 처세에도 능했던 그는 검사직을 떠났음에도 검찰의 이익이 침해될 우려가 있을 때에는 늘 검찰 입장을 대변했다. 조국 수석의 배려를 이용하여 늘 교묘하게 검찰의 이익을 청와대 내부에서 관철하려고 애썼다. 그는 퇴근길에 윤석열 중앙지검장이 살고 있는 아크로비스타로 가서 함께 술을 마셨다고 자랑하고는 했다. 그때는 그러려니 했지만, 나중에 조국 법무부 장관 후보자에 대한 수사가 시작되고 난 다음 그 얘기를 떠올리고는 등골이 서늘했다.

그런 박형철 비서관에게 수사권 조정이나 검찰 과거사 문제는 결코 소홀히 할 수 없는 일이었을 것이다. 그는 검찰의 수사 역량이 얼마나 뛰어난지, 그에 비해 경찰이 수사를 얼마나 못하는지 등을 틈나는 대로 민정수석실 사람들에게 설파했다. 박형철은 내가 청와대에서 나오고 나서도 한참 동안 민정수석실에서 일했다. 조국 수사 국면에서 그는 "조국이 사모펀드의 주인이라고 큰소리를 쳤다"고 했으며, "검찰이 아무 근거 없이 그랬을 리 없다"고 말했다고 한다.

나는 이 얘기를 전해 듣고 쓴웃음이 났다. 조국이 민정수석을 그만둔 것이 2019년 7월이었으니, 박형철 비서관이 조국 수석과 함께 일한 기간은 만 2년이 넘는다. 그동안 박형철은 도대체 조국의 어떤 모습을 보았던 것일까. 내가 지켜본 조국 수석은 결코 공적 영역에 사적인 이해를 끌어들이는 사람이 아니었다. 실제 수사 결과도 조국 수석이나 정경심 교수 모두 사모펀드의 주인이 아닌 것으로 밝혀졌다.

검찰 출신인 박형철 비서관이 검찰 입장이나 이해에 공감하는 것까지는 불가피했다고 본다. 그렇더라도 조국이 민정수석의 자리에서 사모펀드를 운영했다는 누명에 대해 단호하게 "그럴 사람이 아니다. 신중해라. 증거를 잘 살펴봐라"라고 말하지는 못할망정 "검찰이 아무 근거 없이 그랬을 리 없다"고 하다니.

박형철 자신도 검찰에 의해 울산 하명 수사 사건과 유재수 사건으로 두 건이나 기소당했다. 이 두 사건은 이른바 '조국 사모펀드'설을 입증하지 못한 윤석열 검찰이 조국을 옭아매려고 캐비닛을 뒤져 만든 사건들이다. 당시 박형철 비서관은 검찰이 의도하는 대로 진술했다고 들었다. 그러고도 자신 또한 기소를 면하지 못했다.

엘리트 검사로 살아온 박형철은 자신이 보필했던 민정수석의 범죄를 캐기 위한 검찰 수사에 피조사자로 출석했을 때 기분이 어땠을까. 검사 앞에 앉아 추궁을 당하고, 일일이 변명할 때 어떤 심정이 들었을까. 조사에 적극 협조했는데도 기소되어 피고인이 된 심정은 또 어땠을까. 어쩌면 그 또한 회한을 느끼고 있을 것이다. 나는 그에게 묻고 싶다. 윤석열 검찰의 조국 수사는 옳은 일이었는가? 윤석열 검찰의 당신에 대한 수사는 올바른 일이었는가?

## 검증을 통과하지 못하고 떠난 사람들

문재인 정부 출범 후 가장 시급한 일이 청와대와 각 행정부처 구성을 위한 인선 작업이었다. 국정운영의 컨트롤 타워인 청와대는 수석비서관급 이상 정무직공무원 외에 다수의 별정직공무원, 즉 '어공'(어쩌다 공무원)들과 각 행정부처에서 파견 나온 일반직공무원, 과거 청와대가 직접 선발한 일반직공무원 등 '늘공'(늘 공무원)으로 구성된다. 통상의 절차라면 추천된 인물에 대한 까다로운 검증 절차를 통해 임명 여부가 결정된다.

앞서 언급했듯 문재인 정부는 선거 결과가 확정된 직후인 2017년 5월 10일에 곧바로 임기가 시작되어 대통령직인수위원회 활동 과정이 없었다. 정부 출범 후 국정운영의 공백이 없어야 했기에 청와대 근무에 선정된 이들이 인사 발령도 받지 못하고 우선 업무를 수행할 수밖에 없었다. '선 근무 후 발령'이었다. 짧게는 1~2개월 길게는 5~6개월 동안 근무하다가 검증이 완료되면 순차적으로 임명장을 받았다.

그나마 인사 발령을 받은 직원들은 자긍심을 갖고 업무를 지속할 수 있었지만, 엄격한 검증 문턱을 넘지 못하고 청와대를 나가야 하는 직원들도 더러 있었다. 청와대에 근무하게 되어 주위 사람들에게서 선망의 시선을 받았는데 몇 달 근무 후 청와대를 나가게 되니, 마치 중대한 흠결이 있는 사람으로 비칠 수밖에 없었다. 검증을 통과하지 못한 당사자에게는 치명적인 오점으로 남을 수밖에 없어 인간적으로 미안했지만, 달리 어쩔 수 없었다. 심지어 나하고 아주 가까웠던 후배가 어느 날부터 보이지 않았던 적도 있다. 행정관급 이하의 검증은 비서관 전결로 이루어졌다.

청와대의 모든 부서 직원이 높은 업무 강도 때문에 힘들어했지만, 그중에서도 특히 공직기강비서관실 검증팀의 업무 강도가 높았다. 중앙행정부처의 장·차관, 청와대 수석비서관급 이상 정무직 인사들에 대한 인선이 시급한 상황이라서 그 후보군들에 대한 심층적인 검증 업무가 우선이었다. 게다가 장·차관이나 수석비서관급 이외에도 인사 검증 후보자들이 헤아릴 수 없이 많았다. 이런 후보자들에 대한 검증도 결코 소홀히 할 수 없으니 새벽까지 일해야 하는 경우가 다반사였다. 검증 담당 직원들의 과로가 누적되어 2017년 연말쯤에는 병원에 입원하는 직원들이 많았다.

민정수석실 근무자 중에서도 검증의 벽을 넘지 못하고 소속된 부처로 복귀하는 일반직공무원들이 있었다. 주로 민정수석실 내 검찰 출신, 경찰 출신 공무원들이 검증 과정에서 문제가 되었다. 경찰의 경우 원 소속인 경찰청으로 복귀한 경찰관들이 더러 있었다. 그런데 검찰 출신들은 검증 과정에서

조국 그리고 민정수석실

문제가 드러났는데도 그들의 상급자인 해당 비서관이 자신이 책임지고 잘 관리하겠다고 거듭 다짐해서 청와대에 남게 된 경우가 많았다.

반부패비서관실 직원들은 대부분 검찰청, 경찰청, 국정원, 국세청, 공정거래위원회(공정위), 금융감독원(금감원) 등 주요 사정기관에서 파견 온 공무원들이었다. 공교롭게도 이 여섯 기관 모두 기관 명칭의 철자가 ㄱ자로 시작해서, 이 기관들을 'ㄱ자 기관'이라고 불렀다. 이 중 검찰청, 경찰청에서 파견 나온 인원들로 특감반이 구성되었다. 당시 검찰에서 파견된 특감반원 중 한 명이 바로 김태우였다.

나는 문제된 특감반원 제보 사실을 박형철 비서관에게 수차례 전달했었다. 그때마다 단골손님으로 거론된 특감반원의 대표적인 사례가 김태우였다. 김태우는 경찰청 특수수사과 방문 사실이 적발되기 전까지 박형철 비서관의 배려로 특감반에 남아 있었다. 만약 김태우가 경찰 출신이었어도 특감반에 남아 있었을까 싶다.

## 특감반원 김태우

2018년 하반기에 '특감반원이 사고를 쳤는데 특감반이 쉬쉬하고 있다'는 제보를 받았다. 이인걸 특감반장에게 보자고 했다. 단도직입적으로 왜 특감반 사고를 보고하지 않느냐? 책임질 수 있느냐?고 물었다. 이인걸 특감반장이 한 이야기는 이미 언론에 많이 보도된 내용과 일치한다. 반부패비서관실에 파견 나와 있는 행정요원 김태우가 과학기술정보통신부(과기정통부) 감사관실 사무관으로 내정되었다는 정보를 특감반에서 알게 됐다는 것이다. 그때까지 이런 사실을 전혀 몰랐던 특감반장은 과기정통부 측에 이를 확인했고, 이내 사실로 밝혀졌다. 특감반원이 상급자인 특감반장, 반부패비서관과 상의도 없이 이직을 결정하고 이를 추진했다는 것은 행정조직에서는 있을 수 없는 일이다. 특히 청와대 특감반이라면 더더욱 그랬을 것이다.

당시 김태우는 본인이 담당했던 과기정통부 감찰 전문가 채용 공모에 자신이 직접 응모했다고 했다. 이런 사실을 확인한 특감반장은 이를 박형철 비서관에게 보고했고, 박형철 비서관은 민정수석에게 보고했다. 이런 일이 발생했으면 당연히 김태우를 검찰청으로 돌려보냈어야 했지만, 당시 박형철 비서관이 곧 있을 하반기 검찰 수사관 인사 때 돌려보내는 것으로 정리하자고 제안했다. 검찰 수사관들은 잘 정리하지 않으면 칼을 거꾸로 들 수 있으니 정기 인사에 돌려보내는 것이 좋겠다는 주장이었다.

나는 즉시 김태우를 검찰로 원직 복귀시켜야 한다고 주장했지만, 조국 수석은 "특감반을 담당하는 비서관이 강력히 주장하니 들어주죠. 곧 정기 인사니 오래 걸리지 않을 것입니다"라며 박형철 비서관의 의견을 수용했다. 결국 김태우는 경고 차원에서 2개월 동안 직무 배제한 후 하반기 검찰 수사관 인사 때에 맞춰 돌려보내는 것으로 결정되었다. 이때 김태우를 검찰청에 돌려보냈더라면, 이른바 '김태우 사건'은 발생하지 않았을 것이다. 두고두고 아쉬운 대목이다.

2018년 11월경 김태우 관련 또 다른 사건이 발생한다. 당시에 언론에 보도된 내용을 요약하면 '청와대 특감반원이 경찰청 특수수사과에 와서 자신이 감찰하여 특수수사과에 보낸 사건의 처리 결과를 보여달라고 요구했다'는 것이었다. 얼마 후 더불어민주당 이재정 의원이 김태우가 경찰청 특수수사과에 방문한 시점이 김태우의 정보원이자 스폰서 의혹이 있는 건축업자 최모 씨가 경찰청 특수수사과에서 조사받고 있었던 시점이라는 사실을 경찰청 자료를 통해 확인하고 기자회견을 했다.

이런 상황을 확인한 민정수석실은 특감반 행정요원이었던 김태우를 즉시 검찰로 복귀시키고 관련 사실을 통보했다. 그 와중에 KBS가 김태우의 비리 사실을 보도했다. 특히 이 보도에는 김태우가 일부 특감반원들과 함께 골프 접대를 받았다는 내용까지 있었다.

조국 민정수석은 김태우에 대한 내부 감찰 결과를 대검찰청에 이첩하여 징계를 요구하기로 했다. 김태우에 대한 감찰 과정에서 김태우뿐만 아니라 다수의 검찰 출신 행정요원들이 김태우와 함께 골프를 친 사실이 확인되어 조국 민정수석에게 보고되었다. 조국 수석은 특감반 전체 직원에 대한 감찰을 지시했다. 그러나 검찰 출신 특감반원들의 집단 반발과 감찰 거부로 감찰이 시행되지 못했다. 이에 조국 수석은 검찰 출신 특감반원 전원에 대한 검찰청 원직 복귀를 결정했다. 이들이 검찰로 돌아가서 어떤 처분을 받았는지는 해임 처분된 김태우 외에는 잘 알려지지 않았다.

나는 조국 수석에게 특감반 구성에 변화가 필요하다고 건의했다. 즉 특감반에 검찰 출신이 지나치게 많다는 문제를 제기했고, 조사·감사와 자체 정보 수집 기능이 있는 국세청과 감사원에서도 파견받자고 했다. 내 제안이 받아들여져 12월 14일 조국 수석은 검찰과 경찰로만 구성되었던 특감반의 구성을 감사원, 국세청 등으로까지 넓히고, 감찰반원끼리의 상호 견제를 위해 특정 기관 출신 인사가 전체 구성의 3분의 1을 넘지 않도록 하는 특감반 개혁안을 발표했다.

### 김태우 '덕분에' 미뤄진 퇴직

이른바 '김태우 사건'은 이때부터 발생하게 된다. 자신의 원직 복귀에 불만을 품은 김태우는 특감반 사무실에 있던 자신의 컴퓨터 모니터에 자신이 특감반에 있으면서 수집한 첩보 목록을 띄어놓고 사진을 찍은 후 이 사진을 언론사에 보냈다.

"상부의 명령에 따라 자신이 민간인에 대한 비위 첩보를 수집했다"고 언론에 제보한 것이었다.

어처구니없는 일이었다. 김태우가 수집한 첩보 중 고위 공직자에 대한 비리 첩보 외에 대부분은 김태우가 자신의 실적을 위해 과거 검찰청 정보관으로 근무하던 중 확보한 것을 재탕, 삼탕한 것이었다. 이마저도 당시 반부패비서관이 판단하여 민정수석에게 보고되지 않았던 것이었다. 그리고 이인걸 특감반장이 '이런 첩보는 생산하지 말라'는 주의까지 주었던 내용들이었다.

김태우 자신의 구명을 위한 거짓 폭로였지만, 이는 정치적 열세를 면치 못하고 있던 야당(당시 자유한국당)에 좋은 먹잇감이 되었다. 자유한국당은 연일 청와대를 대상으로 공세를 퍼부었다. 결국 조국 민정수석은 12월 31일에 개최된 국회 운영위원회에 참석하면서 2019년 새해를 국회에서 맞이하게 되었다.

2018년 6월 검·경 수사권 조정 합의 이후 나는 민정수석실에서 나의 역할을 마무리할 때가 다가온다고 생각했다. 게다가 그동안의 격무로 인해 건강도 많이 악화되어 있었다. 목디스크가 발병해 컴퓨터 앞에 앉아 문서를 작성하기도 힘들었다. 그해 가을 조국 수석에게 퇴직 의사를 밝혔다. 조국 수석도 나의 퇴직을 승인했다. 그런데 퇴직 예정일 바로 전날, 청와대 모 비서관의 불미스러운 사건이 불거졌다. 조국 수석은 나에게 이 건을 수습하고 퇴직하면 안 되겠느냐고 물었다. 질문의 형식이었지만, 부탁이기도 하고 지시이기도 했다. 당연히 나는 퇴직을 미루었다.

그 사건이 마무리된 후 다시 퇴직을 준비하고 있던 때 김태우 사건이 KBS에 보도되었다. 나의 후임 보좌관으로 윤재관 선임행정관이 임명되어 책상까지 물려준 상태였다. 마지막 저녁 식사라고 생각하고 조국 수석과 둘이 저녁을 먹었다. 사무실로 들어오는 길에 조국 수석이 전화를 받더니 나를 바라보며 "황 국장님, 미안하지만 김태우 사건이 마무리될 때까지 퇴직을 미루는 게 어떨까요?"라고 물었다. 그래서 "제가 해야 할 일이 남았다면 당연히 그렇게 하겠습니다"라고 대답했다. 결국 나는 기약 없이 다시 청와대에 남게 되었다. 말년 병장은 떨어지는 낙엽도 조심하라는 군대 격언이 있었는데, 내가 딱 그 경우였다.


### '공익 제보자'로 둔갑한 김태우와 막장 공천


얼마 후 김태우는 결국 검찰에서 해임 처분을 받게 되었고, 나중에는 윤석열 대통령과 국민의힘에 의해 '공익 제보자'로 둔갑했다. 그는 2020년 치러진 21대 국회의원 선거에서 국민의힘 후보로 서울 강서을에 출마하여 낙선했고, 2022년 지방선거에서 역시 국민의힘 후보로 강서구청장에 출마하여 당선되었다.

　　　　　　　　　　조국 그리고 민정수석실

그러나 2023년 5월 공무상기밀누설 혐의에 대한 대법원 확정판결로 강서구청장 당선은 무효가 되었다. 하지만 대법원 판결문에 잉크도 채 마르지 않은 8월 14일, 윤석열 대통령이 김태우를 사면·복권했다. 법원은 그의 행위를 공익 신고가 아닌 "범행 동기가 좋지 않은" 범죄라고 판결했다. 그럼에도 김태우를 사면한 것은 대통령이 명백하게 대법원의 판결에 불복한 것이라 하겠다. 국민에게 위임받은 대통령의 사면권을 사적인 수단으로 사용한 것이다.

심지어 윤석열 대통령이 추천한 이균용 대법원장 후보자마저 인사청문회에서 "개인적 경험이지만 제가 선고하고 (판결이) 확정된 뒤에 한 3~4개월 만에 사면이 이뤄지니까, 솔직하게 저렇게 될 것 같으면 집행유예로 풀어주는 게 낫지 않았을까 생각한 적 있다"라고 말할 정도였다. 국민의힘은 김태우의 당선무효형 확정으로 발생한 강서구청장 재보궐 선거에 그를 다시 공천했다. 누가 봐도 '윤석열 공천'이었다.

심지어 김태우는 선거 내내 "조국이 유죄면, 김태우는 무죄"라며 선거운동을 했다. 그러나 법원은 '우윤근 주러시아 대사 금품수수 의혹 등 비위 첩보', '특감반 첩보 보고서', '김상균 철도시설공단 이사장 비위 첩보', '공항철도 직원 비리 첩보', 'KT&G 동향 보고 유출 관련 감찰 자료' 등 총 5건이 공무상 비밀이라고 판단하고, 김태우가 주장한 5건 중 4건은 사실이 아니라고 판시했다.

이런 후보를 공천하고 선거에 이기길 바란 것 자체가 윤석열 정권의 무도함을 보여준다. '막장 사면'에 '막장 공천'이었지만 강서구민은 현명했다. 국민의힘 후보 김태우는 더불어민주당 진교훈 후보에게 17%p 이상 차이로 패배했다. 사면권 남용과 '막장 공천'에 대한 심판이었다.

# '유재수 사건'과 '울산 사건'

## 유재수의 '잠수'로 '종료'된 감찰

2017년 말 청와대에 '유재수'라는 사람에 대한 이상한 소문이 돌았다. 유재수는 당시 금융위원회 금융정책국장을 맡고 있었다. 나는 특감반에 무슨 일이 일어났음을 짐작하고 검사 출신인 이인걸 특감반장을 만나 소문에 관해 물었다.

이인걸 특감반장은 유재수 금융정책국장이 업체로부터 부적절한 선물을 받았다는 제보를 받고 조사 중이라고 했다. 나는 이인걸 반장에게 "원칙대로 조사하는 게 좋겠습니다. 다만 조사가 길어지면 잡음이 커질 것 같으니 검사 출신으로서 실력을 보여주세요"라고 말했다.

유재수는 반부패비서관실 특별감찰 범위 내에 있는 고위 공직자였다. 또 민정수석실 관리 범위인 대통령 친인척,

정부 인사 등 특수관계인 주변 인물에 포함되는 사람이었다.

유재수는 언론에 알려진 대로 특감반 조사 도중 조사를 거부하고, 연락이 두절되는 등 일명 '잠수'를 탔다. 당시 유재수는 특감반에 소명자료를 제출하겠다고 한 뒤 금융위원회에는 장기 병가를 내고 출근하지 않고 있었다. 특감반과의 연락도 원활하지 않았다. 사실상 조사를 거부하는 상황이었다.

청와대의 감찰 조사는 법령상 수사권이 없다. 수사권이 없다는 것은 비위 의혹 당사자가 조사를 거부하거나 당사자의 소재를 파악할 수 없을 때 강제로 조사를 진행할 수 없다는 것을 의미한다. 따라서 특감반은 유재수의 '잠수'로 더 이상 조사와 감찰을 진행할 수 없는 상태였다.

며칠 후, 특감반 업무를 맡고 있는 백원우 민정비서관, 박형철 반부패비서관이 민정수석실에 찾아왔다. 이날은 배석자 없이 조국 수석까지 세 사람만 회의를 했다. 추후 내가 전달받은 이날의 회의 내용은 다음과 같다. 조국 수석이 백원우 민정비서관에게 유재수 관련 감찰 내용을 금융위원회에 통보하고, 유재수의 사표를 받는 것이 좋겠다는 의견을 금융위원회에 전달하라고 지시했다는 것이었다. 이것이 내가 알고 있는 '유재수 감찰'에 대한 민정수석실 업무의 전부다.

이런 상황에서 특감반이 할 수 있는 것은 유재수가 스스로 조사를 받으러 올 때까지 기다리거나, 징계 권한을 가진 금융위에 현재까지의 조사 결과를 통보하고 징계처분을 요구하는 것뿐이다. 조국 수석은 후자를 선택했다. 유재수가 조사를 거부한 상황이니 조사 결과를 금융위에 통보하고, 인사 조치를 단행하라는 정무적 판단을 내린 것이다. 조국 수석의 '정무적 판단'은 법적으로 강제 조사권이 없는 특감반의 업무 원칙에 근거한 것이다.

특별감찰은 검찰의 수사가 아니다. 공무원들이 특감반을 두려워하는 것은 인사상의 불이익 때문이다. 감찰 조사 결과는 공무원이 속한 해당 기관의 징계처분으로 결론이 나는 것이다. 조국 수석은 언제 나타날지 모르는 유재수를 마냥 기다리는 것이 아닌 특감반이 할 수 있는 일, 즉 유재수가 해당 기관의 인사상 불이익을 받게 해야 한다고 결론을 내린 것이다.

강제성이 없는 특별감찰은 청와대에서도 똑같이 적용됐다. 특감반원이었던 김태우의 비위 문제가 불거졌을 때 특감반원들의 비위 의혹도 같이 제기되었다. 하지만 공직기강비서관실은 특감반원들을 조사하지 못했다. 모든 특감반원이 조사를 거부했기 때문이다. 그래서 공직기강비서관실은 비위 인지 사실을 파견 나온 특감반원들의 원 소속 기관인 대검에 통보하고 마무리지었던 것이다.

하지만 윤석열 검찰은 감찰의 법적 권한 유무를 모를 리 없음에도 조국 민정수석이 감찰을 중단했다며 그를 직권남용권리행사방해 혐의로 기소했다. 청와대는 이로 인해 조국 수석을 비롯한 두 사람이 기소돼 현재도 재판을 받고 있다.

이 재판은 결국 특감반이 수사를 계속할 수 있는 일반사법경찰관과 같은 지위에 있는지가 쟁점이다. 1심 재판부도 재판부 내에서 직권남용권리행사방해 여부가 최대 쟁점이었다고 말할 정도다. 하지만 2023년 2월 서울중앙지방법원은 1심에서 조국 수석에게 유죄를 선고한 바 있다.

조국 수석은 2022년 11월 열린 1심 재판 최후 진술에서 "저는 유재수 씨를 개인적으로 전혀 알지 못하고, 그에게 감찰 무마라는 혜택을 줄 동기나 이유가 전혀 없다"며 "검찰 주장처럼 제가 유재수 씨의 비위를 덮으려 했다면 감찰 개시를 지시하지도 않았을 것"이라고 말했다.

그리고 나는 기억한다. 당시 감찰이 종료되고 며칠 후 여민3관 복도에서 만난 박형철 비서관은 내게 "조국이기 때문에 유재수의 사표라도 받을 수 있었다"고 말한 바 있다.

앞서 조사를 거부했던 유재수는 결국 징계가 아닌 법정의 심판을 받았다. 유재수는 공직자 비위 혐의로 2019년 11월 검찰에 구속 기소되었고, 2022년 3월 대법원에서 유죄가 확정되었다.

## 선거 개입으로 둔갑한 김기현 울산시장의 비위

청와대, 특히 민정수석실에는 고위 공직자들의 각종 비위 관련 투서들이 끊이지 않는다. 실명 또는 익명의 투서가 우편으로 오거나 민정수석실에 근무하는 직원들에게 직접 제보로 들어오는 경우도 있다. 비위 관련 투서와 제보는 해당하는 부처로 이첩하는 절차를 거친다. 고위 공직자의 비리 제보는 반부패비서관실 특감반에서 사실관계 확인 후, 수사가 필요할 경우에는 경찰청과 검찰청으로, 공무원 비위에 관한 내용은 감사원이나 해당 부처 감사관실로 이첩된다.

지금도 끝나지 않은 일명 '울산 하명 수사' 사건은 2017년 10월경 민정비서관실의 한 행정관에게 들어온 제보에서 시작됐다. 그 행정관은 울산시청에서 국장으로 일했던 한 사람에게서 당시 울산시장이었던 김기현과 그 형제들에 대한 비위 첩보를 제보받았다. 그 행정관은 이를 백원우 민정비서관에게 보고했고, 백 비서관은 박형철 반부패비서관에게 관련 문건을 전달했다.

이후 이 사건은 청와대가 더불어민주당 송철호 후보를 당선시키기 위한 민정수석실의 조직적인 '하명 수사'로 바뀌었다. 검찰이 수사를 하고, 언론에 대서특필되기 시작했다. 2019년 검찰 수사가 시작됐지만, 검찰은 조국 수석을 단 한 차례도 소환하지 않았다. 결국 2021년 4월 검찰은 혐의를 입증할 증거를 발견하지 못했다며 불기소 처분을 했다.

2년이 지난 2024년 1월 18일, 검찰은 국민의힘의 요청으로 울산시장 선거 개입 의혹에 대해 조국과 임종석 전 대통령 비서실장에 대한 재기수사명령(기존에 불기소처분했던 사건을 재기한 뒤, 필요한 수사를 진행하여 다시 처분을 하라는 의미)을 내렸다. 조국 수석은 재기수사명령에 대해 "끝도 없는 칼질이 지긋지긋하다"며 "의도가 무엇인지 짐작이 가지만 검찰이 부르면 언제든지 가겠다"며 SNS에 입장을 밝혔다.

### '울산으로 출장 갔으니까', 검찰 조사 대상이 된 후배의 죽음

이 사건에 주목한 이유는 윤석열 검찰이 '청와대'를 대상으로 벌인 첫 수사이기 때문이다. 또한 이 사건으로 인해 민정수석실에 파견 나왔던 검찰 공무원 백○○은 검찰 수사 도중 극단적 선택으로 세상을 떠났다. 고인은 나의 대학 후배이기도 했다.

2018년 울산시장 김기현의 비위 제보가 있을 당시 백○○은 민정수석실 동료들과 울산으로 출장을 다녀왔다. 하지만 울산시장 김기현의 비위 제보가 아닌 '울산 고래고기 환부 사건' 때문에 다녀온 출장이었다. 당시 울산에서는 고래고기 환부 사건으로 인한 검·경 사이의 갈등이 깊어 조정이 필요할 정도였다. 부처 갈등은 물론 검찰개혁 방안을 마련 중이던 민정수석실에서는 이에 대한 상황을 파악하는 것이 중요했다.

하지만 검찰은 이후 '울산 하명 수사' 사건을 조사하면서 백○○이 울산에 출장을 갔다는 이유로 참고인 조사를 벌였다. 백○○은 울산지검에서 한 차례 조사를 받았고, 청와대 파견 근무를 끝내고 검찰로 복귀해 서울동부지검에서 근무 중이던 2019년에도 서울중앙지검 공공수사2부에서 조사 출석을 요구받았다.

그러던 중 조사를 앞두고 그가 사망했다. 백○○은 2019년 12월 1일 유서와 함께 숨진 채로 발견됐다. 유서에는 가족들에게 남긴 인사와 함께 "윤석열 총장님께. 죄송합니다. 가족들 배려 부탁합니다. 건강하십시오"라는 내용도 있었다. 백○○의 장례식장에서 백○○의 부인은 백원우 비서관을 부여안고 멈추지 않고 계속 눈물을 흘렸다. 당시 검찰총장이었던 윤석열도 백○○ 장례식장을 방문했었다. 윤석열 총장이 다녀간 후 검찰 수사관들이 울분을 토했다는 소식을 들었다. 검찰 수사관들이 동료 백○○의 죽음에 대해 어떤 심정이었을지 충분히 짐작할 수 있었다.

민정수석실에서 어떤 지위나 결정권을 가지지 않은 파견 검찰 공무원이 '울산 하명 수사' 조사 도중 목숨을 끊은 일은 많은 의혹을 내포할 수밖에 없는 사건이다. 검찰의 강압 수사부터 별건 수사, 진술 강요 등 많은 소문이 떠돌았다. 하지만 이제 고인이 된 그는 아무 말이 없다. 조국 수석은 물론 함께 울산 출장에 동행했던 민정수석실 식구들의 울분은 세월이 흐른다고 가실 리 없다.

### 검찰의 전관예우와 '고래고기 환부' 사건

검찰과 언론이 '울산 하명 수사' 사건으로 부르는 울산 사건을 제대로 설명하려면, 그 발단이 되는 '고래고기 환부還付(돌려줌) 사건'까지 거슬러 올라가야 한다.

2016년 5월 25일 울산경찰청은 "밍크고래 불법 포획·유통업자 및 식당 업주 등을 검거했다"고 발표했다. 당시 울산 중부경찰서는 불법 포획된 밍크고래를 판매한 총책과 식당 업자 등 6명을 현행범으로 체포해 운반책과 식당 업주 등 2명을 구속했고, 현장 냉동 창고에 보관 중이던 시가 40억 원 상당의 밍크고래 27톤(40마리)을 압수했다. 멸종위기종으로 분류되어 전 세계적으로 포획이 금지된 밍크고래는 한 마리당 수천만 원에서 1억 원 상당에 거래되고, 고기는 1kg당 15만 원에 판매될 정도로 희귀하고 비싸다.

그런데 이 사건은 검찰로 넘어가면서 '고래고기 환부 사건'이 된다. 당시 사건을 송치받은 울산지검이 경찰이 압수한 밍크고래 27톤 중 21톤을 포경업자들에게 돌려준 사실이 나중에 환경단체에 의해 폭로된 것이다.

2017년 9월 13일 해양 환경단체인 '핫핑크돌핀스'가 기자회견을 열고 "검찰이 업자에게 고래고기를 환부했다"고 폭로했다. 핫핑크돌핀스는 "이 사건 담당 검사는 고래고기의 불법 여부가 바로 입증되지 않았고 마냥 기다릴 수 없다는 이유로 압수한 고래고기를 업자들에게 환부했다"고 밝히며, "불법을 근절해야 할 검찰이 오히려 불법 포경업자들 손을 들어주고 장물을 유통시켰고, 포경업자들은 울산고래축제를 앞두고 21톤의 고래고기를 돌려받아 막대한 수익을 올렸다"고 지적했다. 핫핑크돌핀스의 분석에 따르면 돌려받은 고래고기를 유통하여 업자들이 취한 이익은 30억 원에 달했다.

핫핑크돌핀스는 울산경찰청에 울산지검 검사들을 고발했으며, 황운하 당시 울산경찰청장의 지휘로 해당 검사 등에 대한 수사가 시작됐다. 울산지검은 "고래고기는 적법한 절차에 따라 환부했을 뿐, 부실 수사나 봐주기는 없었다. 27톤 중 불법이 명확하게 드러난 것은 6톤뿐이고 나머지는 불법성 확인이 어려워 기소하지 못해 반환 조치한 것이다"라고 주장했다.

그러나 울산경찰청 수사로 확인된 정황은 이와 달랐다. 경찰은 고래고기 21톤을 돌려받은 시점에 업자의 계좌에서 수억 원의 거액이 빠져나간 정황을 확보했다. 이와 별도로 고래고기를 돌려받은 업자가 선임한 검사 출신 변호사에게 공식적으로 지급된 수임료가 2억 원이었다. 검찰의 고질적인 관행인 '전관예우'가 의심되는 대목이었다.

그런데 수사는 더 이상 진전되지 않았다. 경찰이 해당 변호사의 사무실과 주거지, 계좌, 통신에 대한 압수수색 영장을 신청했는데, 검찰이 사무실과 주거지는 기각하고 계좌와 통신의 압수수색 영장만 울산지법에 청구했고, 이마저도 법원에 의해 기각됐다. 해당 변호사는 경찰 조사를 받기 위해 출석했다가 그냥 돌아가버리기도 했다. 업자에게 고래고기를 돌려주었던 담당 검사는 경찰 수사가 시작된 후 캐나다로 해외 연수를 떠나버렸다.

　울산 경찰은 담당 검사의 캐나다 연수가 끝난 후에라도 수사를 이어가려 했지만, 황운하 당시 울산경찰청장이 대전지방경찰청장으로 전보된 후 흐지부지되고 말았다. 고래고기 환부 사건은 검찰의 전관 봐주기로 상징되는, 검·경 갈등의 생생한 사례였다.

　조국 그리고 민정수석실

# '김용균법'과 맞바꾼
# 민정수석의 국회 출석

## 거짓으로 만들어낸 호랑이

2018년 12월 31일 조국 민정수석은 취임 이후 처음으로 국회 운영위원회에 출석했다. 청와대 민정수석이 국회 운영위원회에 출석해 국회의원들의 질의에 답한 것은 2006년 8월 노무현 정부 당시 전해철 민정수석 이후 12년 만이었다. 조국 수석의 이날 국회 출석은 문재인 대통령의 지시에 따른 것으로 앞에서 살펴본 청와대 특감반 출신 검찰 수사관 김태우의 거짓 폭로로 야기된 민정수석실 특감반 관련 사건에 대한 정치적 공세에 정면으로 대응하기 위해서였다.

이날 오전 10시 국회 운영위원회 전체 회의에 출석하기 위해 국회 본청을 찾은 조국 수석은 본회의장 앞 로텐더홀에 대기하고 있던 기자들에게 입장을 밝혔다.

국회에 들어가기 전에 한 말씀 드리겠습니다. 문재인 정부 민정수석실은 특별 감찰을 포함해서 모든 업무를 법과 원칙에 따라 처리해왔습니다. 이번 사건은 한마디로 말해서 삼인성호입니다. 세 사람이 입을 맞추면 없는 호랑이도 만들어낸다는 옛말이 있습니다. 비위 행위자의 일방적인 사실 왜곡 주장이 여과 없이 언론을 통해서 보도되고 정치적으로 이용되고 있습니다. 매우 개탄스럽습니다. 그렇지만 국회의 모든 질문에 대해 성심껏 답하겠습니다. 그리고 시시비비를 밝히겠습니다.

이날 조국 수석이 한자 성어 '삼인성호三人成虎'를 인용했던 것은 나의 건의를 받아들인 것이었다. 민정수석의 발언과 행보에 대해 정치적인 조언을 하는 것도 보좌관인 나의 임무였다. 민정수석실 안에서 상대적으로 정치권 활동 경험이 많은 편이었던 나는, 조국 수석의 메시지 안에 언론이 받아쓸 만한 '카피'를 담아야 한다고 생각했다. 그래서 그날도 조국 수석의 입장문에 삼인성호를 넣으시면 좋겠다고 건의를 드렸던 것이다.

## '김용균법'과 대통령의 결단

문재인 대통령이 조국 수석에게 야당의 출석 요구에 응하라고 지시했던 것은 국회에 발이 묶여 있는 '김용균법' 때문이었

조국 그리고 민정수석실

다. 이 법안의 정식 명칭은 '산업안전보건법 전부개정안'이었다. 이는 대기업과 원청기업들이 작업환경이 위험한 업무를 하청기업 노동자들에게 떠맡기는 이른바 '위험의 외주화'를 방지하고 산업 현장 안전 규제를 강화하기 위한 법안이었다.

2016년 5월 구의역에서 스크린 도어를 정비하던 하청 노동자가 사망하면서 산업안전보건법 개정 필요성이 제기되었고, 2018년 12월에 충남 태안화력발전소의 협력 업체 비정규직 노동자 김용균 씨가 운송 설비를 점검하던 중 사망한 사건이 발발하면서 법 개정에 대한 사회적 요구가 높아지고 있었다. 그래서 마련된 개정안에는 위험의 외주화를 방지하기 위해 도급을 제한하고, 안전조치 의무 위반 사업주에 대한 처벌을 강화하는 등 산업 현장의 안전을 강화하고 노동자를 보호하기 위한 필수적인 내용이 담겨 있었다.

그러나 김용균법은 당시 자유한국당을 비롯한 정치권 일각의 반대로 본회의에 상정되지 않고 있다가 2018년 12월 27일 어렵사리 국회를 통과해 2020년 1월 16일부터 시행됐다. 법안 처리가 난망하던 산업안전보건법 개정안이 이처럼 전격적으로 국회 본회의를 통과한 것은 문재인 대통령의 결단 덕분이었다.

조국 수석이 국회에 출석하기 나흘 전인 12월 27일 김의겸 청와대 대변인은 춘추관에서 브리핑을 갖고 "문재인 대통령이 위험의 외주화를 방지하는 일명 김용균법(산업안전보건법 개정안)의 연내 국회 통과를 위해 조국 민정수석이 국회 운영위원회에 참석하도록 하라고 지시했습니다"라고 밝혔다.

이날 아침 청와대 현안 점검 회의에서 문 대통령은 한병도 정무수석에게 조국 민정수석의 국회 운영위원회 출석과 김용균법 처리가 맞물려 있어 법안 처리에 진척이 없다는 보고를 받고 조국 수석에게 국회 출석을 지시했다. 대통령은 "특감반 관련 수사가 이제야 시작됐는데 민정수석이 국회에 출석하는 것은 바람직하지 않으나, 제2의 김용균, 제3의 김용균이 나오는 것을 막기 위해서는 산업안전보건법 개정안이 연내에 반드시 처리돼야 합니다"라고 강조했다. 회의 직후 한병도 정무수석은 홍영표 당시 더불어민주당 원내대표에게 전화 통화로 문 대통령의 뜻을 전달했다. 이에 따라 여야 3당 원내대표 합의로 김용균법이 국회를 통과했다.

문재인 대통령이 조국 수석의 국회 출석을 지시하고 그 대가로 김용균법의 국회 통과를 얻어낸 것을 두고 언론에서는 '대통령의 결단'이라는 제목을 뽑았다. 한 방송사는 이날 뉴스에서 "한마디로 대통령이 조국 수석 내주고 김용균법 얻었다는 겁니다. '육참골단'이라고 하죠"라고 보도했다. '육참골단肉斬骨斷'은 '살을 내어주고 뼈를 취한다'는 뜻의 한자 성어로 조국 수석을 '살'에, 김용균법을 '뼈'에 비유한 것이다.

# 조국의 마법 노트

조국 수석의 국회 출석이 결정된 직후 민정수석실이 분주해졌다. 자유한국당이 김태우의 거짓 폭로와 조·중·동의 보도를 활용해 조국 수석에게 거친 정치 공세를 벌일 것이 뻔했기 때문에 터무니없는 폭로와 꼬투리 잡기에 대응하기 위해 김태우가 논란을 일으킨 사안들 하나하나에 대한 팩트를 구체적으로 정리하고 반박 논리를 다듬어야 했다. 김태우 사건으로 퇴직이 미뤄진 나로서는 마지막 임무였다. 나는 선임행정관 회의를 소집하여 2017년 정부 출범 이후 민정 관련 모든 사안에 대한 답변을 준비하라고 했다. 김용균법이 통과된 12월 27일부터 민정수석실의 모든 행정관이 야근에 야근을 거듭했다.

한편으로는 여당인 더불어민주당, 특히 국회 운영위원회 소속 의원들과 손발을 맞추기 위해 긴밀하게 소통해야 했다. 운영위원회가 열리기 전 더불어민주당 의원들에게 김태우 주장의 허구에 대해 상세하게 설명하고 야당의 공세에 맞설 무기를 제공해야 했다. 더불어민주당 의원들도 언론에 나온 것 이상은 알지 못했기에 궁금해하는 것이 많았다. 이 사안에 대해 잘 알고 있는 사람이 몇 안 되었기 때문에 내가 이 업무를 맡아서 국회를 오갔다. 나는 각 비서관실이 수석실에 보내온 자료에 대해 수정·보완 의견을 냈으나 김태우 관련

건에 대해서는 반부패비서관실에서 정리한 자료에 일절 손대지 않았다. 김태우 행정요원의 비위에 대한 자세한 경위는 반부패비서관실만 알 수 있는 영역이었다.

31일 국회 운영위원회 현장에서 조국 민정수석은 자유한국당 의원들이 '우윤근 러시아대사의 비위 의혹 묵살', '박용호 전 서울창조경제혁신센터장 등 민간인 비위 의혹 수집', 른바 '환경부 블랙리스트 관련 의혹' 등을 제기할 때마다 적극적으로 반박했다. 특히 이른바 '민간인 사찰'과 관련해서는 "민간인 사찰은 판례에 따라 지시, 목적, 특정 대상, 인물을 목표로 이뤄져야 합니다. 김태우 전 특감반원이 수집한 정보에 민간 정보가 부분적으로 있는 것은 사실이지만, 이런 요건에는 전혀 부합되지 않습니다. 그리고 그런 정보도 데스크, 감찰반장, 반부패비서관을 통해 폐기되거나 관련 부서로 전달했습니다"라고 반박했다.

조국 수석은 특유의 정연한 논리로 막힘없이 답변하면서도 구체적인 일자 등 세부적인 사항을 답변할 때는 가지고 갔던 노트를 참고했다. 두툼한 스프링 노트였는데, 민정수석실에서 준비한 '특감반 현황'이라는 자료였다. 이 자료에는 여러 색깔의 포스트잇으로 사안별 팩트가 일목요연하게 분류되어 있었다. 이 자료를 두고 《한겨레》는 〈국회 출석한 조국 수석의 '마법 노트'〉라는 제목의 기사를 내기도 했다.

조국 수석의 정연한 논리와 민정수석실의 철저한 사전

준비, 무엇보다도 양심에 거리낌 없는 '진실'이라는 무기 덕분에 이날 국회 운영위원회에서 조국 수석을 상대로 퍼부었던 자유한국당의 십자포화는 무위에 그쳤다. 자유한국당 의원들의 질문 공세와 호통에는 억지 트집만 있고 팩트는 없었다. 자정을 넘긴 2019년 1월 1일 0시 46분에야 국회 운영위원회 전체 회의가 끝났다. 열다섯 시간이 넘는 회의였다. 2019년 운명의 한 해가 밝아오고 있었다.

2019년 1월 1일 언론은 '자유한국당 완패'라고 보도했다. 나는 국회운영위원회 출석이 조국 수석의 운명을 바꿨다고 생각한다. 그날 조국 수석은 반듯한 태도와 논리정연한 답변으로 야당의 공세를 압도했다. 조국을 '백면서생'으로 여겼던 자유한국당은 물론 조마조마 가슴 졸이던 더불어민주당 의원들과 지지자들도 조국을 다시 보기 시작했을 것이다. 조국의 의지와 무관하게 '정치인 조국'을 생각하기 시작한 사람들이 생겨나기 시작했다. 조국의 불행은 어쩌면 여기서부터 시작된 것인지도 모른다.

# 조국에게 드린 마지막 조언

## 감히 대통령의 자리에 선 '인생 사진'

문재인 대통령은 청와대에서 일했던 사람들이 퇴직할 때 함께 사진을 찍어주셨다. 특히 공직 선거 출마를 염두에 둔 사람들은 대통령은 물론 조국 수석과도 사진을 찍고 싶어 했다. 2019년 1월 23일 내가 퇴직할 때도 그랬다. 보통 대통령과 사진을 찍으러 갈 때는 비서관이 동행하는데 나는 감사하게도 직속상관인 조국 수석이 동행해주었다. 문재인 대통령은 대선 캠프 시절부터 수고가 많았다며 앞날을 응원해주셨다.

악수를 청한 대통령에게 나는 "조국 수석과도 같이 찍고 싶습니다"고 말씀드렸다. 순간 조국 수석과 의전비서관 모두 난감한 표정을 지었다. 나는 "저는 대통령님 비서이자 조국 수석의 보좌관이었습니다. 대통령님과 수석님과 꼭 같이 한

조국 그리고 민정수석실

장 남기고 싶습니다"라고 다시 한번 말했다. 당황한 조국 수석이나 비서관과 달리 대통령은 흔쾌히 허락하셨다. "조 수석이리 오세요, 뭐 어려운 일입니까. 황 보좌관 말대로 같이 찍는 게 더 좋겠네요." 그날따라 넥타이를 매지 않았던 조국 수석은 황급히 다른 직원 넥타이를 빌려 매기까지 했다. 속으로 얼마나 기분이 좋았는지 모른다. 대통령을 중심으로 양옆에 나란히 서자 대통령께서 느닷없이 말씀하셨다. "자리를 바꿉시다. 오늘은 황 보좌관이 주인공이니, 주인공이 가운데 서는 게 좋겠어요."

모두가 놀랐다. 대통령을 포함해 여러 명이 사진을 찍을 때 가운데 자리는 당연히 대통령의 자리다. 대통령이 아닌 다른 사람이 가운데 자리에 서는 것은 있을 수 없는 일이다. 나는 송구스러워 거듭 사양했다. 그러자 대통령은 내 손을 잡아끌며 가운데 자리에 나를 세웠다. 민망해진 나머지 "나중에 이 사진이 우리나라 역사의 의미 있는 장면으로 기억될 수 있도록 열심히 살겠습니다"라고 너스레를 떨었다. 대통령이 너털웃음을 터트렸고, 조 수석은 예의 머리를 쓸어올리며 난감한 웃음을 지었다.

이때 찍은 사진은 나의 '인생 사진'이 되었다. 대통령 집무실에서 문재인 대통령과 조국 수석과 함께 사진을 찍은 사람은 내가 유일했다. 문재인 정부 청와대 출신 중에 나를 부러워하는 사람들이 많았다. 이 사진은 훗날의 나를 조국의 곁으로 다시 돌아가게 만든 운명의 사진이기도 하다.

## 대통령과 사진 찍는 것을 피했던 민정수석

영화 〈문재인입니다〉에는 대통령이 비서실장, 수석들과 함께 청와대 경내를 산책하는 장면이 나온다. 청와대 재직 당시 조국 수석에게 "수석님도 대통령님과 산책도 하고 그러시는 게 좋겠습니다"라고 권유했던 적이 있다. 그러자 조국 수석이 정색하며 대답했다. "민정수석은 청와대와 공직 사회 전반을 감찰해야 하는 자리인데 비서실장이나 다른 수석들과 친밀한 관계가 되면 곤란하지 않겠습니까? 그리고 나는 청와대를 마지막 공직으로 생각합니다. 나는 나중에 학교로 돌아갈 사람이니 앞으로 정치를 계속하실 분들이 대통령님 곁에서 많이 노출되는 것이 그분들 선거에 도움이 되겠지요."

조국 수석은 언론의 관심이 자신에게 집중되다 보면 행여 대통령이나 다른 수석비서관들이 가려질까 염려해 스스로 노출을 자제하려고 노력했다. 조국 수석은 문재인 대통령이 따로 찾을 때를 제외하고는 대통령이 수석비서관들과 오찬을 함께할 때도 되도록 자리를 피했다. 늘 대통령을 빛나게 하려고 했고, 청와대가 특별히 요청할 때를 제외하고는 늘 뒤에 서 있는 사람이었다. 그러나 본인의 의지와 무관하게 조국 수석이 앞에 나서야 하는 일이 많았다. 청와대에서 대통령 다음으로 '홍보 빨'이 좋았기 때문이다. 그러다 보니 조국은 늘 야당의 타깃이 되었다. 지지층이 열광할수록 정권 내부에서도 질시가 많아졌다.

조국 수석의 보좌관이 된 지 얼마 후 모 비서관이 나를 따로 보자고 했다. 그는 "조국 수석을 꼭 총선에 출마시켜야 합니다. 정권 재창출을 위해서는 많은 대선 후보군이 필요한데 조국 수석을 부산에서 출마시키면 좋겠습니다. 옆에서 잘 설득해주세요. 우리 이야기는 들은 척도 하지 않네요"라고 말했다. 나는 그에게 "소를 물가에 끌고 간다고 해도, 소가 물을 안 마시면 어쩔 수 없는 것 아닙니까. 옆에서 지켜본 바로는 조국 수석은 선출직 출마에 관심이 전혀 없습니다. 학자로서의 명예가 훨씬 소중한 사람입니다"라고 대답했다.

조국 수석과 여러 차례 대화해보았지만, 그는 정치인으로 사는 삶에 대한 관심이 추호도 없었다. 인품과 자질, 대중적 인기까지 모두 갖추었지만, 결정적으로 권력의지가 없었다. 아니, 선출 공직자라는 삶을 불편해했다. 만일 그에게 권력의지가 있었다면 진작에 유력한 대선 후보가 되고도 남았을 것이다. 내가 겪어본 조국 수석은 앞에 나서며 잘난 척하지 않고 약자에게 공감하며 언제나 스스로를 낮추는 사람이다. 여러모로 윤석열이나 한동훈 부류와는 품격이 다르다.

청와대를 떠난 후 어느 날 나는 청와대 비서관 몇 사람을 만났다. 다들 조국 수석의 불행에 대해 안타까워했다. 또한 조국의 빈자리가 크게 느껴진다고 했다. 아침마다 열리는 대통령과의 티타임에서 "NO"라고 말하는 사람이 별로 없다는 것이었다. 조국 수석은 대통령과의 티타임에서 주로 대통령의 말씀을 듣는 스타일이었는데 가끔 이견을 제시하곤 했다고 한다. 대통령도 평소에는 말이 없던 조국 수석이 이견을 제시하면 다시 한번 생각해보자고 하셨다고 한다. 그런 경우 대통령이 생각을 바꾸거나 보완책을 고민하는 경우가 많았는데, 조국 수석이 떠난 청와대에서는 그런 경우를 보기 힘들다고 했다.

게다가 '조국 사태' 이후 민정수석실의 입지가 눈에 띄게 축소되었다고 했다. 민정수석실과 검찰이 첨예하게 대립하면 국정운영에 지장이 초래될 수 있어 민정수석실은 상황 관리에 집중하고 있다고 했다. 더 이상 일을 키우기보다 더 커지지 않게 만드는 것이 민정수석실의 일이 된 것이다. 대통령을 지키는 최후의 보루인 민정수석실이 검찰과 대척점에 있다 보니 검찰은 민정수석실 통제권 밖으로 나갔다. 민정수석실의 관리 기관 중 주요한 기관인 검찰에 대해 상황 관리가 안 되니, 민정수석실은 힘겨운 사투를 벌여야 했을 것이다.

문재인 정부 5년 중 2년 넘게 민정수석으로 재직했던 조국의 공백은 컸다. 나머지 3년이 안 되는 동안 민정수석만 5명이었다. 조국의 그림자가 민정수석실에 짙게 드리워진 것이다.

## 조국과의 마지막 티타임

드디어 청와대를 떠나는 날, 나는 청와대 경내를 마지막으

조국 그리고 민정수석실

로 산책했다. 특히 상춘재를 다시 볼 수 없다니 아쉬운 마음이 컸다. 상춘재는 점심 후에 가끔 가던 산책 장소였다. 상춘재 앞마당과 뒤쪽 계곡은 생각을 정리하기에 좋은 장소였다. 마지막 산책을 하고 민정수석실 구성원 한 명 한 명과 인사한 뒤 조국 수석과 마지막 인사와 더불어 차를 한잔했다.

청와대를 나가기 전 걱정되는 면이 있어 조국 수석에게 보좌관으로서 몇 가지 마지막 조언을 했다. 첫 번째로 검찰을 믿지 말라. 검찰은 늘 검찰의 편이다. 검찰은 인사에 굴종하는 듯 보이지만 속마음은 그렇지 않은 것 같다. 검찰 조직을 위해서라면 언제든 칼을 거꾸로 들 수 있는 조직이다.

두 번째, 법률가 대부분이 선민의식이 있다. 법률가들은 스스로 보통의 시민보다 양심적이고 법을 잘 지킨다고 생각한다. 그러나 김기춘, 우병우 등 권력에 기생해서, 또 자본에 기생해서 살아가는 법조인이 생각보다 많다. 그들이 잘못을 저지를 때는 사회적 해악이 너무 크다. 법률가에 대한 막연한 선의는 위험하다. 내가 지켜본 바로는 법률가와 비법률가의 차이를 크게 느끼지 못한다. 검사들에 대한 생각도 법률가라서 선을 넘지 않을 거라 생각하지 마시라.

세 번째, 대통령과 수석은 '내가 선의로 대하면 상대도 선의로 대할 것이다'라고 생각하시는 것 같다. 그런데 정치판에 있어 보니 정치에선 상대가 나의 선의를 어떻게 이용할까 생각하는 경우가 많다. 모든 사람이 그렇진 않지만, 이제 정치 영역에 계시니 좀 더 정치인에 대해 치밀하게 생각하시고 저들에게 이용당하지 마시라. 청와대는 누가 뭐라고 해도 가장 큰 정치를 하는 곳이다.

나는 마지막으로 한 번 더 힘주어 이야기했다. "검찰을 절대로 믿지 마세요." 조국 수석은 검찰에 대한 나의 비판을 자주 들어서인지 늘 그렇듯 알았다고 대답했지만, 보좌관으로서 마지막 조언이었다. 그는 워낙 선한 사람이라 조언한 대로 되지 않을 거라고 생각했다.

청와대에서 퇴직한 이후에도 나는 늘 검찰과 법무부 파견 검사들의 행태에 대해 비판적으로 이야기를 했다. 지금도 가끔 수석에게 "내 이야길 들었으면 좀 달랐을 것"이라고 이야기한다. 검찰은 선한 조국을 이용하고 난도질했다. 조국은 검찰에 자율성을 부여하고 검찰을 정치적으로 이용하지 않는다면 국민의 검찰로 돌아갈 것이라고 기대했다. 그게 바로 그의 실수였다. 그리고 그의 기대는 조국 가문에 대한 멸문으로 되돌아왔다. 검찰은 자기 조직을 개혁하려는 사람이 어떻게 되는지 조국을 본보기로 삼아 보여주었다. 지금 검찰개혁을 외치는 정치인이 드문 것도 이와 무관하지 않을 것이다. 하지만 세상은 검찰 뜻대로 돌아가지 않을 것이다. 조국 가족의 피로 검찰개혁의 씨앗은 싹트고 있다.

조국 그리고 민정수석실

# 험난한 법무부 장관 후보자의 길

## "서초갑에 출마하시는 게 좋겠습니다"

나는 2019년 1월에 청와대 근무를 마치고 그해 3월부터 민간기업의 상임감사로 재직하고 있었다. 재무구조가 부실한 기업에 대한 채무 재조정을 비롯해 신규 자금 지원을 통한 기업정상화, 비핵심 자산 매각 등 사업 재편, 핵심 자산 매각 등을 통한 한계기업 구조조정을 전담하는 기업이었다.

2019년 5월 어느 날, 정책실과 협의할 일이 있어서 청와대에 갔다가 조국 민정수석에게 인사차 집무실에 들렀다. 조국 수석이 반갑게 맞아주더니 "저녁에 식사 약속 있나요?"라고 물었다. 웃으면서 대답했다. "수석님이 물으시니, 있던 약속도 없어야죠."

단둘이 마주 앉아 저녁을 먹는 자리에서 조 수석이 고민을 털어놓았다. "대통령께서 거듭 법무부 장관직을 권하시네요. 요즘 그 문제로 고민 중입니다." 어느 정도 예상했던 일이었다. 조 수석은 이미 오래전부터 문재인 대통령과 '검찰개혁'에 대해 의기투합한 사이였고, 문재인 정부가 출범한 이후에는 중요한 국정과제인 권력기관 개혁을 도맡아서 청사진을 그린 민정수석비서관이다. 대통령이 그가 이 일을 끝까지 마무리해주기 바란다는 것은 불문가지였다.

내가 물었다. "수석님은 어떻게 하고 싶으신가요?" 조 수석은 "나야 학교로 돌아가고 싶죠." 그의 대답도 역시 내가 예상했던 대로였다. 그는 결코 권세를 탐하지 않는 천상 학자였다. 문재인 정부 초대 민정수석을 맡았던 것도 일종의 '공익 근무'였다. 그런데 바로 그 '공익에 대한 책임감'이 그의 발목을 잡았던 것 같다. 문재인 정부의 권력기관 개혁에 깊이 관여해온 처지인데 일을 하다 말고 혼자 마음 편하게 학교로 돌아가는 것이 못내 마음에 걸렸을 것이다.

"다른 분들과도 상의하셨을 텐데, 뭐라고들 하던가요?"

"노영민 실장을 비롯해 몇 분과 상의했는데, 다들 '도망칠 생각하지 말고 문재인 정부와 운명을 함께해야 한다'더군요. 장관을 맡기 싫으면 내년 총선에 부산 출마라도 해야 한다네요."

"죄송하지만, 저도 같은 말씀밖에 못 드리겠네요. 학자로 살고 싶은 수석님의 마음과 무관하게 수석님은 이미 문재인

조국 그리고 민정수석실

정부의 개혁을 상징하는 인물이 되셨습니다. 함께 책임을 지실 수밖에 없습니다."

그리고 말을 이었다.

"그런데 제 생각에는 법무부 장관직을 맡으시는 것보다는 총선 출마가 나을 것 같습니다. 지금 방배동에 살고 계시니 서초갑에 출마하시면 좋겠습니다. 아시다시피 강남·서초는 자유한국당의 텃밭인데, 수석님이라면 해볼 만합니다. 더불어민주당의 불모지에 출마하셔서 내년 총선의 '선봉장' 역할을 하시면 문재인 정부에 큰 기여를 하시는 셈이죠. 출마하신다면 선거 준비는 제가 다 하겠습니다."

10여 년 전 〈검찰개혁을 말하다〉라는 토크 콘서트에서 당시 교수였던 조국 본인이 "검찰개혁을 시도하는 법무부 장관은 검찰로부터 거센 저항과 보복을 당할 것"이라고 예언했었다. 지난 수십 년 동안 검찰이 무소불위의 권력을 휘둘러온 것을 생각하면 당연히 예상할 수 있는 일이었다. 조국 수석의 장관직 수락은 그런 위험을 감수한 결단이어야 했다. 그 와중에 벌어질 살벌한 권력투쟁을 조국 수석 같은 '선비'가 감당할 수 있을지 걱정이 앞섰다. 그래서 나는 총선 출마를 권했다.

검찰은 자기 조직의 기득권을 지킬 의사나 능력이 없다고 판단되면 조직의 수장인 검찰총장도 하극상으로 몰아내는 집단이다. 2012년 11월 당시 한상대 검찰총장은 회삿돈을 횡령한 혐의로 불구속 기소된 최태원 SK 회장을 봐주려다가 검찰 안팎의 거센 반발에 부딪혔다. 한 총장은 상황을 반전시키기 위해 '대검 중수부 폐지'를 제기했다가 검찰 내부의 조직적 반발을 초래해 임기가 9개월이나 남은 상태에서 후배 검사들에 의해 밀려났다.

이 과정에서 맹활약했던 자가 서울중앙지검 특수1부장이었던 윤석열이다. '사람에 충성하지 않는다'는 것은 본인의 앞날에 방해가 되는 자는, 검찰 권력에 방해되는 자는 누구든 봐주지 않겠다는 말이었던 것이다. 하물며 검찰 선배도 아닌 학자 출신의 법무부 장관에게 검찰이 더욱 거세게 저항할 것은 불 보듯 뻔했다.

조 수석이 대답했다. "다른 분들도 대부분 총선 출마를 권하시더군요. 그런데 저는 학교로 돌아가고 싶어요. 임명직 공무원이 되면 휴직을 하는 거라서 임기를 마치고 학교로 돌아갈 수 있는데, 총선에 출마해서 선출직 공무원이 되면 학교에 사표를 내야 합니다. 나로서는 학자로서의 정체성이 소중합니다. 그래서 출마는 하기 싫습니다."

그 말을 들으니 더 이상 출마를 권할 수 없었다. 당시 상황으로는 출마를 안 하는 유일한 방법이 입각入閣하는 것이었다. 당·청 모두 조국 수석이 전국 단위의 이목을 집중시킬 수 있는 인물이라고 생각하고 있었다.

나는 그때 더 적극적으로 입각을 만류하지 않았던 것을

조국 그리고 민정수석실

두고두고 후회한다. 그의 앞날에 그토록 잔인하고 모진 시련
이 기다리고 있는 줄 알았더라면, 그의 입각이 윤석열의 야욕
에 발판으로 악용될 줄 알았더라면, 바짓가랑이라도 잡고 말
렸을 것이다.

## 법무부 장관 후보자로 지명된 조국 수석

2019년 7월 26일 조국 수석은 민정수석비서관직을 사임했
다. 2주쯤 지난 8월 9일 문재인 대통령은 그를 법무부 장관
후보자로 지명했다. 법무부 장관 내정이 공식적으로 발표되
기 전에 나는 조국 수석을 만나 인사청문회 준비 등에 대해
상의했다. 나는 조국 수석에게 검증에 문제가 될 만한 소지가
없다고 생각했다. 논문 표절 문제는 야당에서 상습적으로 제
기했지만 이 사안에 대해서는 자신감이 있었다. 다만 민정수
석의 소관 업무가 아니라고 야당 일각에서 문제를 제기했던
개헌안 발표, 김태우 폭로 사건 등이 재점화될 수도 있겠다는
생각은 들었지만 이미 지나간 일이어서 '재탕'에 불과할 것으
로 생각했다.

　그동안 검찰 출신이 법무부 장관으로 임명되다 보니 청
문회 준비 사무실을 서초동에 두는 것이 관례였다. 조국 후보
자는 이것부터 바꾸자고 제안했다. 검찰의 영향력이 미치는
서초동보다 정부종합청사와 가까운 곳인 적선동으로 옮겨

검찰과 거리를 두고자 했다. 그리고 후보자의 신상 문제를 전담하는 팀은 검사 출신이 아닌 청와대에서 같이 일했던 김미경 선임행정관에게 맡겨 검찰과 거리를 두고자 했다.

검찰개혁 등 법무행정에 대해서는 조국 후보자 자신이 전문가여서 내가 참여하기보다는 법무행정에 대한 여론이나 청문회 준비 과정에서 벌어진 상황을 놓고 내린 정무적 판단에 대한 의견을 전달하기로 했다. 법무부 인사청문회준비단에 민간인 신분인 내가 끼어들 수 없어서 앞으로는 전화 통화 등으로 도울 수밖에 없었다.

법무부 장관 후보자 이외에도 최기영 과학기술정보통신부 장관 후보자, 김현수 농림축산식품부 장관 후보자, 한상혁 방송통신위원장 후보자, 조성욱 공정거래위원장 후보자, 은성수 금융위원장 후보자, 이정옥 여성가족부 장관 후보자 등이 지명됐다. 그러나 언론의 관심은 조국 후보자에게 집중되었고 야당의 주된 공격 목표도 단연 조국이었다. 그가 검·경 수사권 조정이나 고위공직자범죄수사처(공수처) 설치 등 검찰개혁을 적극적으로 추진해왔으니 당연했다. "검찰을 모르는 장관이 법무부 장관이 되면 검찰과 갈등만 커질 수 있다"고 짐짓 점잖게 훈수를 두는 이들도 있었다.

당시 자유한국당의 조국 후보자 반대 논리의 핵심은 '검찰의 중립성 훼손'이었다. 청와대 민정수석이 검찰을 통할하는 법무부 장관이 되면 검찰의 정치적 독립성을 해친다는 논

조국 그리고 민정수석실

리였다. 나경원 자유한국당 원내대표는 "조 전 수석의 임명은 그 자체가 '신독재국가'의 완성을 위한 검찰의 도구화다. 조 전 수석의 법무부 장관 임명은 검찰 장악에 이어 청와대 검찰을 하나 더 만들겠다는 강한 의지의 표현"이라고 비난했다. 자유한국당은 "더불어민주당도 이명박 정부 시절에 권재진 민정수석을 법무부 장관으로 임명한 것을 비판했었다"고 목소리를 높였고, 일부 언론도 맞장구를 쳤다. 그러나 조국 후보자가 검찰개혁의 적임자라며 그의 지명을 환영하는 여론이 더 높았다.

자유한국당은 조국 후보자가 젊은 시절에 남한사회주의 노동자동맹(사노맹)에 가입했던 이력도 들먹였다. 황교안 자유한국당 대표는 "조국 후보자는 과거 남한사회주의노동자동맹 관련 사건으로 실형까지 선고받았던 사람"이라며 "그렇지 않아도 우리 안보가 위태로운 상황인데 이런 사람이 법무부 장관이 되면 검찰이 과연 제대로 공정한 수사를 할 수가 있겠습니까"라고 색깔론 공세를 펼쳤다. 이에 대해 조국 후보자는 다음과 같은 입장을 밝혔다.

저는 28년 전 그 활동을 한 번도 숨긴 적이 없습니다. 자랑스러워하지도 않고 부끄러워하지도 않습니다. 20대 청년 조국, 부족하고 미흡했습니다. 그러나 뜨거운 심장이 있었기 때문에 국민의 아픔과 같이하고자 했습니다.

앞으로도 그럴 것입니다. 향후 비가 오면 빗길을 걷겠습니다. 눈이 오면 눈길을 걷겠습니다. 그러면서 저의 소명을 다하도록 하겠습니다.

## '바다에 맹세하고 산에 다짐한' 장관 후보자

8월 9일 장관 후보자로 지명된 직후 조국 후보자는 다음과 같이 소회를 밝혔다.

이제, 뙤약볕을 꺼리지 않는 8월 농부의 마음으로 다시 땀 흘릴 기회를 구하고자 합니다.

인사청문회를 거쳐 문재인 정부의 법무부 장관이 된다면, '서해맹산'의 정신으로 공정한 법질서 확립, 검찰개혁, 법무부 혁신 등 소명을 완수하겠습니다.

향후 삶을 반추하며 겸허한 자세로 청문회에 임하겠습니다. 정책 비전도 꼼꼼히 준비해 국민들께 말씀 올리겠습니다. 감사합니다.

'서해맹산誓海盟山'은 충무공 이순신 장군의 한시 〈진중음陳中吟〉에 나오는 "서해어룡동誓海魚龍動 맹산초목지盟山草木知"(바다에 맹세하니 어룡이 감동하고 산에 다짐하니 초목이 알아듣는다)를 줄인 것이다. 이순신 장군이 왜적과 싸우던 심정으로 법무부

　조국 그리고 민정수석실

장관직을 수행하고 법무부 혁신과 검찰개혁을 완수하겠다는 굳센 결기를 드러낸 표현이었다.

그는 검찰과 수구 세력과 언론이 덫을 놓고 기다리는 사지로 당당하게 걸어 들어갔다. 그러나 자신뿐만 아니라 온 가족이 그토록 극심한 수모와 고통을 겪게 될 줄은 미처 몰랐을 것이다. 나중에 2022년 12월 2일 열린 재판에서 그는 이렇게 진술했다. "하루하루가 생지옥 같았습니다. 법무부 장관직을 수락한 후과는 상상을 초월했습니다."

언젠가 조국 수석이 유튜브 방송에 출연해 "그때로 돌아간다면 법무부 장관직을 수락하지 않겠다"고 말한 적이 있다. 하지만 그런 상황이 된다면 조국 수석은 다시 수락할 것이다. 내가 아는 조국은 그렇다. 나도 마찬가지다. 청와대에 다시 들어가겠냐고 누가 물으면, 절대 가기 싫다고 한다. 그러나 나도 그 상황이 오면 다시 돌아갈 것이다. 그래서 이를 악물고 검찰개혁을 완수해낼 것이다.

# 권력기관 개혁, 그 이후

## 민정수석실 폐지와 법무부 인사정보관리단

윤석열은 대통령으로 취임한 직후 민정수석실을 폐지했다. 민정수석의 보좌관으로 일했던 나는 민정수석실이 담당했던 기능과 역할을 누구보다 잘 알고 있다. 민정수석실의 폐해를 지적하는 주장에 일부 공감하지만, 적어도 대통령제에서 민정수석실의 기능과 역할은 필수적이라는 생각에는 변함이 없다. 여느 조직과 마찬가지로 민정수석실 역시 부작용과 폐단이 있을 수 있지만, 그것은 시스템과 구성원의 의지로 해소될 수 있는 문제다. 그런데 부작용을 이유로 민정수석실 그 자체를 없애버린 것은 비유하자면 칼이 위험하다고 주방에서 칼을 치워버린 것과 같다.

윤석열 정권은 민정수석실을 없애면서 정부 부처 안에

두 조직을 새로 만들었다. 행정안전부의 '경찰국'과 법무부의 '인사정보관리단'이다. 두 조직 모두 정부조직법에서 정하는 두 부처의 직무 범위를 벗어나 있어 위헌 소지가 다분하다. 나는 윤석열 정부의 이러한 조치들이 윤석열의 최측근인 한 동훈과 이상민을 위한 설계라고 의심했다.

일단 행정안전부의 경찰국부터 살펴보자. 1991년 5월 31일 정부조직법 개정으로 그 중 내무부(현 행정안전부) 소관 사무에서 '치안'이 삭제됐다. 전두환 정권 시절 내무부가 치안 본부(현 경찰국)를 손에 쥐고 폭압 통치의 대리 기구로 사용했던 역사를 되풀이하지 않기 위해 경찰을 내무부에서 독립시킨 것이었다.

이상민 행정안전부 장관은 "경찰의 수사를 행정안전부 장관이 지휘할 수 있고, 해야 한다"고 적극적인 의지를 과시하다가 슬그머니 접었다. 검찰청법에 명문의 근거가 있는 법무부 장관의 수사지휘권조차 사문화되어야 한다고 주장하는 윤석열 정부다. 경찰청장의 수사지휘권마저 이중, 삼중의 통제와 견제를 받는 '국가경찰 및 자치경찰의 조직 운영에 관한 법률'이 엄연히 존재하는 마당에 법적으로 아무 근거도 없이 수사 지휘를 하겠다는 행정안전부 장관의 기염은 참신하다고밖에 말할 수 없다. 행안부에 경찰국을 신설하여 경찰을 대리 통치하려다가 결국 2022년 7월 23일 경찰관들이 대거 반발하는 전국경찰서장회의가 발생하고 만다.

법무부에 인사정보관리단을 둔 것은 더 해괴한 일이다. 현행법상 민정수석을 포함한 대통령비서실에는 검사 파견이 금지되어 있다. 검찰청법으로 검사 파견을 금지했더니 이명박 정권 시절에는 검사가 사표를 쓰고 청와대에 가서 일하다가 복귀할 때는 경력 검사로 임관하는 '신공'을 선보였다. 그래서 박근혜 정부 시절에는 아예 검사 퇴직 후 1년 경과 이전에는 대통령비서실 입직을 금지하는 법안이 제정되었다.

그러니 윤석열 정부는 대통령비서실에 검사를 데려다 쓸 수 없다. 그래서 편법으로 민정수석실 인사 검증 기능을 법무부로 옮기고 검사를 부처에 파견해 임무를 수행하게 한 것으로 의심된다. 행정부 공직자에 대한 인사권은 최종적으로 대통령에게 있으므로 인사 정보의 취급 업무는 개별 부처가 아니라 대통령비서실 또는 인사를 전담 업무로 하는 인사혁신처의 업무가 되도록 하는 것이 맞다.

한동훈은 법무부 장관 시절 윤석열 정부의 잇따른 인사 참사에 대한 추궁을 받자 "기계적으로 정보만 수집해 용산에 보낸다"면서 "정무적 판단은 용산에서 이뤄진다"고 둘러댔다. 이럴 거면 인사검증시스템을 배우겠다며 미국 FBI까지 출장은 왜 갔다는 말인가. 한동훈의 말이 맞다면 예전의 청와대 인사 검증과 무엇이 달라졌는지 모를 일이다.

## 민정수석실을 없앤 또 하나의 이유

나는 윤석열 정부가 민정수석실을 없애버린 또 하나의 이유가 대통령 친인척 문제 때문이라고 생각한다. 민정수석실 실무 전반을 조율했던 내가 굳이 파악하려 하지 않았던 분야가 대통령 친인척 문제다. 사적인 프라이버시 문제였기에 보고 체계를 극히 간소히 했다. 하지만 대통령 친인척 문제는 정말 간단치 않다. 국정운영의 부담이나 국민적 질타만을 생각하면 대통령 친인척 문제는 단호하게 대처하는 것이 맞다.

그렇지만 대통령의 친인척이라는 이유만으로 대통령비서실이 일상생활을 들여다보고, 금전적 반대급부를 캐묻고, 제3자 시각에서 사소한 것이라도 빌미가 될 만하면 못 하게 하는 등 제약하는 것은, 당사자로서는 결코 작은 문제가 아니다. 게다가 그런 일이 5년 동안이나 지속된다면 더욱 그렇다. 그런 제약을 받는다고 대통령비서실이 어떤 대가를 대통령 친인척에게 대신하여 지급해주는 것도 아니니, 그들로서는 심각한 문제일 수밖에 없다.

이런 친인척 관리 문제를 윤석열 정부에 대입해보자. 대선 전부터 이른바 '본부장 비리'라고 하여 윤석열 후보 본인과 부인, 장모의 비리 문제가 큰 쟁점이 되었다. 대통령 본인과 영부인 문제야 그렇다 하더라도, 장모와 최근 기소된 처남, 그리고 이들이 운영하는 ESI&D의 경기 양평 공흥지구 개발

사업 특혜 의혹 사건 등은 대통령비서실로서는 이러지도 저러지도 못 하는 사안일 것이다.

국민들은 서울-양평 고속도로 노선이 갑자기 바뀐 것을 이해하지 못하고 있다. 국회 국정감사장에서 야당 의원들의 질문에 제대로 답변하지 못하는 국토부 장관을 비롯한 국토부 인사들을 보며 의혹은 더 커졌다. 국토부는 서울-양평 고속도로 노선이 변경된 지점에 하필 대통령 처가의 땅이 우연하게도 많이 있었다고 해명했다. 더 심각한 것은 윤석열 정부가 이에 대한 문제의 심각성을 느끼지 못하는 데에 있다. 문재인 정부였다면 절대로 일어날 수 없는 일이다. 나는 이런 윤석열 정부를 보면 '도덕적으로 완벽한 정권'이라고 큰소리를 쳤던 이명박 전 대통령이 떠오른다.

만일 민정수석실이 존재하고 있었다면 이런 문제들에 엄격하게 대처해 필요한 경우 법적 대응을 했을 것이다. 이 점을 잘 알고 있는 윤석열 대통령은 민정수석실을 없앨 수밖에 없었을 것이다.

## 시행령에 의해 무력화된 검·경 수사권 조정

문재인 정부에서 추진한 권력기관 개혁의 중요한 성과로 나는 검찰의 수사·기소권 독점을 깨고 이를 분산한 고위공직자범죄수사처를 설치한 것과 경찰의 권한을 증진해 검찰에 대한 견제와 균형을 도모하고자 한 수사권 조정을 꼽는다. 특히 수사권 조정의 경우 검사의 직접수사 개시 범위를 한정하고, 검사와 사법경찰 사이의 관계를 지휘·감독에서 대등·협력 관계로 전환한 것으로 그 의의가 크다. 모두 형사소송법·검찰청법 개정과 공수처법 제정을 통해 법률로써 제도화한 성과들이다.

그러나 윤석열 정부는 입법으로 완성된 제도 개혁을 시행령을 통해 교묘히 변질시켜 검찰의 권한을 문재인 정부 이전으로 되돌려버렸다. 대통령이 국무회의에서 공포만 하면 효력이 발생하는 시행령을 통해 국회 입법 취지를 무력화해버린 것이다. 대표적인 것이 검·경 간 수사 준칙, 검사 수사 개시 규정 등이다. 이른바 '검수원복'(검찰 수사권 원상회복)이다.

검사 직접수사 개시 규정의 경우 국회가 2022년 4~5월 이른바 '검수완박법' 사태로 검사의 직접수사 개시 가능 범죄를 기존의 부패범죄, 경제범죄, 공직자범죄, 선거범죄, 방위사업범죄, 대규모 참사 6개 영역에서 부패범죄와 경제범죄의 2개 영역으로 좁혔다. 그러나 윤석열 정권의 한동훈 법무부는 부패범죄, 경제범죄의 범위를 극한으로 확장해 검사의 직접수사 개시 범위를 가능한 한 좁히고자 했던 입법자의 입법 목적을 보란 듯이 무시하는 내용으로 검사 직접수사 개시 규정을 개정해 시행했다.

검사 직접수사 개시 규정을 살펴보면, 공공기관의 개인정보 처리 업무를 방해할 목적으로 공공기관에서 처리하고 있는 개인정보를 변경하거나 말소하여 공공기관 업무 수행의 중단·마비 등 심각한 지장을 초래한 자(개인정보보호법 제70조 제1항 제1호)에 대한 수사를 '경제범죄'로 분류하고 있다. 이것이 도대체 어떤 이유에서 경제범죄인지 모르겠다. 이런 논리라면 빌린 돈을 갚지 않으려고 사람을 죽이는 것도 경제범죄가 된다. 돈과 조금이라도 연관되면 이제 모두 경제범죄가 되는 것이다.

2023년 8월 1일에는 '검사와 사법경찰관의 상호 협력과 일반적 수사 준칙' 일부개정안을 입법 예고하여 10월 국무회의 의결 후 11월 1일부터 시행하고 있다. 그 내용도 이전의 검·경 간 수평적 협력 관계를 명목만 유지해두고는 실제 내용에 들어가서는 모두 변질시켜 수사를 담당하는 사법경찰을 거의 수사 보조자 취급하고 있다. 그로 인해 사법경찰에 대한 검찰의 수사지휘권이 실질적으로 부활한 것이다.

수사 중 인지 사건 경찰 이첩 규정도 삭제해 직접수사 범위를 확대했다. 이전에는 검사가 수사를 하다가 수사를 개시할 수 있는 범위 외의 범죄를 발견하거나 인지하면, 경찰측에 별건의 수사를 이첩하도록 했다. 그러나 한동훈 법무부는 이 규정을 삭제했다. 사실상 부패·경제 두 가지 영역의 수사 개시 규정이 무의미해진 것이다.

경찰 보완 수사 원칙도 폐지했다. 이전에는 경찰이 보완 수사를 담당하고, 검사는 경찰에게 보완 수사를 요구할 수 있을 뿐이었는데, 이 규정을 폐지함으로써 검사가 언제든지 직접 보완 수사를 할 수 있게 된 것이다. 나아가 경찰의 불송치 결정권도 무의미해졌다. 경찰이 불송치 결정을 하더라도 검사가 송치 요구를 할 수 있게 함으로써 사실상 이전의 '전건 송치주의'(경찰에서 수사 결과 불기소 의견을 얻더라도 모든 사건을 검찰에 송치해 최종적으로 기소 여부를 결정하는 것)가 되살아난 셈이다.

## 검사의 부하로 전락한 경찰

과거 경찰은 수사 영역에서 검찰에 이리저리 치이기는 했지만, 보수 정부에서조차 수사권 조정 정책으로 검찰과 대립하거나 검사 비리에 대한 수사를 통해 미미하게나마 검찰을 견제하는 역할을 수행했다. 경찰은 2011년 수사권 조정으로 검찰과 대립했고, 2012년에는 김광준 검사에 대한 내사를 벌인 일도 있었다. 이때마다 검찰과 경찰 간 격렬한 파열음이 일었고, 검찰의 전횡과 권한의 독점 문제가 여론의 주목을 받았다.

2020년 1월 13일 국회에서 수사권 조정 관련 법안(형사소송법·검찰청법)이 통과되었다. 2021년에는 검·경 수사권 조정 법안이 시행되었고, 국가수사본부가 정식으로 출범했다. 이를 통해 검·경 관계가 수평적인 상호 협력 관계로 전환되었고, 권한의 측면에서도 수사 종결 시 불송치 결정권을 경찰이 보유하게 되었다.

조국 그리고 민정수석실

그런데 윤석열 정부 출범 이후 앞서 보았듯 수사 준칙 개정으로 검·경 관계가 다시 수직적 상하 관계로 돌아간 듯하다. 제도뿐만이 아니다. 행정부 수반인 대통령이 경찰을 대하는 태도 또한 이해할 수 없었다. 경찰은 수사만 하는 조직이 아니다. 치안이 경찰의 본래 역할이다. 국민이 안심하고 밤길을 걸을 수 있는 것은 경찰이 치안에 상당한 역할을 하기 때문이다. 반면, 검사는 국민의 치안을 지켜주지 못한다. 수사에서야 검사 경험이 있으니 그렇다 쳐도, 치안 임무에서만큼은 경찰의 사기를 진작시키고 경찰이 소명 의식을 가지고 국민을 대할 수 있도록 격려·고무하는 것이 대통령의 역할이요, 임무다. 그런데 이 정부는 경찰을 삼류 집단 취급하고 있다. 대표적인 것이 이태원 참사다.

이태원 참사에서 현장 경찰의 잘못도 물론 있을 것이다. 그러나 159명의 국민이 목숨을 잃은 일이다. 정부는 법적 책임 외에 정치적 책임을 통감하고 그에 알맞은 조치를 한 뒤 현장 책임자의 법적 책임을 묻는 것이 순서다. 그런데 윤석열 대통령은 자신의 고교 후배이자 정부에서 국민 안전을 책임지는 행정안전부 장관에게는 아무런 책임을 묻지 않았다. 대통령실이 "대통령이 경찰은 무엇을 했느냐면서 격노했다"는 소식을 언론에 알렸을 뿐이다. 무엇을 했느냐고 묻고 싶은 쪽은 오히려 국민이다. 그런데 대통령은 그 질문을 본인이나 책임 있는 장관에게가 아니라 현장의 경찰들에게 했다. 국민이 격노할 일이었다. 방귀 뀌고 성낸다는 속담이 딱 들어맞는다.

이뿐이 아니다. 윤석열 정부는 경찰에 대해 기이하리만치 수준 이하의 정책을 펼쳤다. 행정안전부에 경찰국을 둔 것 외에도 경찰 수사의 컨트롤 타워인 국가수사본부장에 전직 검사 출신을 임명하려고 한 것은 모든 경찰의 어안을 벙벙하게 만들었다. 대선 후보 시절 "대통령이 특정 사건에 대해 시시콜콜 '철저 수사 지시'를 명하지 않아도 되는 나라를 만들고 싶다"고 하고서는, 틈만 나면 범죄 수사를 입에 올린다. 2022년 경찰의 날 기념식 치사에서는 아동범죄, 스토킹범죄 수사와 함께 마약과의 전쟁에서 성공해달라고 했다. 사실상 경찰에 대한 하명 수사 지시가 아니고 무엇인가?

수사권 독립 문제를 놓고 검찰과 경찰이 대립해온 지가 30년이 넘는다. 누가 옳고 누가 그른지를 떠나 이제 국정의 최고 책임자 자리에 올랐으니 검·경 간 갈등을 중화하여 두 기관이 서로 협력하면서 열심히 일할 수 있게 하는 것이 대통령의 마땅한 책무다. 더군다나 검사 출신 대통령은 더욱 그래야 불필요한 갈등과 오해를 낳지 않게 된다. 하지만 이 정부는 그런 지적에 눈 하나 깜박하지 않고 있다.

## 국정원의 초라한 몸부림

문재인 정부 시절 국정원은 단 한 차례도 정치 개입이나 민간

조국 그리고 민정수석실

인 사찰 등 불법적 행위를 했다는 의혹이 없었다. 문재인 대통령이 "대통령이 아닌 오직 국민들께 충성하라"고 당부한 덕분이라고 생각한다.

그런데 윤석열 정부 출범 1년 6개월 만에 국정원은 다시 국내 정치와 민간인 사찰을 기웃하고 있다. 서울 강서구청장 재보궐 선거를 하루 앞둔 2023년 10월 10일 국정원은 2개월간 선관위 전산망을 가상 해킹했다면서 보안 점검 결과를 공개했다. 북한이 투개표 시스템을 해킹할 수 있다는 것이었다. 22대 총선의 전초전이라 평가받는 서울의 재보궐 선거를 하루 앞두고 북한의 공작 운운하면서 국정원이 출현한 것이다. 과거 북풍이니 댓글 공작이니 하면서 선거 결과를 조작하려한 국정원의 망령이 다시 출몰한 것이 아닌가 하는 우려를 자아내기에 충분했다.

이뿐이 아니다. 윤석열 정부가 출범한 후 국정원이 처음 한 일은 원훈석院訓石의 교체였다. 대통령의 직속 기관이니 원훈석은 필요하면 교체할 수 있다. 그런데 그 원훈이라는 것이 과거 중앙정보부 시절 김종필 초대 부장이 만든 "우리는 음지에서 일하고 양지를 지향한다"는 것이다. 정치에 개입하고, 사람들을 잡아들이던 박정희 시절이 그리웠던 것인가.

2023년 1월 민주노총 간부의 간첩 의혹 사건 당시에는 국정원 직원이 시민단체 기자회견에 가짜 기자증을 달고 취재하는 척을 한 일도 있었다. 국정원의 불법 사찰이 되살아난 것이다. 더 황당한 것은 이 사건을 계기로 국정원은 2024년 1월 1일부로 경찰로 이관될 대공 수사권을 복원하려고 시도를 한 것이다.

　나는 여기서 입법의 힘을 느꼈다. 앞서 2020년 1월에 개정 국정원법이 국회를 통과했다. 윤석열 정부 출범 이후 국정원이 대공 수사권을 복원하려고 해도, 입법의 힘으로 이를 되돌릴 수 없다는 점이 든든했다. 시행령으로 무엇을 해보려고 할 수도 있지만 수사권은 법적 근거가 필요하다. 아마 쉽지 않을 것이다.

　꼭 수사권만이 문제가 아니다. 국정원은 과거 권력기관 서열 '넘버1'이었다. 그러나 세상이 바뀌었다. 과거 수하로 여겼던 검찰은 이제 권력 그 자체로 변모했다. 국정원의 국내 정보 수집 기능이 살아 있을 때 검찰의 주요 수사는 국정원의 '기획 조정' 대상이었다. 2009년 노무현 전 대통령에 대한 구속 여부에 관한 원세훈 당시 국정원장의 간섭이 대표적이다. 대공 수사는 말할 것도 없다.

　그러나 검찰이 권력 그 자체인 지금, 국정원이 과거처럼 검찰의 처분에 관여한다는 것은 상상할 수 없는 일이 되었다. 보수 정부에서 국정원의 '만능열쇠'였던 정치 정보 수집과 민간인 사찰도 문재인 정부의 개혁 조치로 더 이상 하지 못하게 되었다. 국내 정보 수집을 살려보려고 이것저것 궁리해보겠지만, 국정원법 개정 시 삽입된 "정치 관여의 우려가 있는

　　　　　　　　　　　조국 그리고 민정수석실

정보 등을 수집·분석하기 위한 조직을 설치하여서는 아니 된
다"는 규정 탓에 이러지도 저러지도 못할 것이다. 문재인 정
부의 권력기관 개혁을 조국 수석의 의지대로 입법화, 제도화
를 통해 마무리한 것은 지금 생각해도 천만다행이다.

# 반란의 서막

## 압수수색으로 시작된 '검찰 쿠데타'

2019년 8월 14일 문 대통령은 조국 법무부 장관 후보자에 대한 인사청문요청안을 국회에 제출했다. 인사청문요청안에는 재산 신고 관련 서류 등 후보자의 신상 자료가 첨부되었다. 재산 신고 관련 서류가 제출된 직후 야당과 일부 언론에 의해 이른바 '사모펀드' 논란이 제기되었다.

조 후보자는 "후보자 및 가족의 재산 형성, 재산 거래, 자녀 증여는 모두 합법적으로 이루어졌으며, 세금 납부 등에 위법한 부분은 없다. 법령에서는 공직자 및 가족 등에 대해 주식에 대한 규제를 하고 있을 뿐, 펀드에 대한 규제는 없다"고 해명했다. 민정수석으로 임명된 후 공직자윤리법에 따라 부인이 주식을 처분했고 그 돈으로 법적으로 허용된 펀드에 투자했던 것이다.

이어 8월 16일부터 조 후보자 동생과 관련한 '위장 이혼' 의혹, '부동산 위장 거래' 의혹, '위장 전입' 의혹과 '웅동학원' 의혹 등이 야당과 언론에 의해 쏟아지기 시작했다. 8월 19일에는 후보자의 딸 조민의 '부산대 의학전문대학원 장학금' 문제가 보도됐고, 이튿날에는 '의학 논문 저자 등재' 논란이 제기됐다. 물론 이런 논란의 대부분은 윤석열 검찰에 의해 부풀려지고 조작된 것들이었다. 이에 대해서는 앞으로 이어질 꼭지들에서 자세히 다룰 예정이다.

8월 27일 검찰은 본격적으로 쿠데타를 개시했다. 부산대 의학전문대학원과 서울대 환경대학원, 웅동학원, 사모펀드 크링크프라이빗에쿼티(코링크PE) 등 10여 곳에 대한 대대적인 압수수색을 벌인 것이다. 이날의 압수수색은 사전에 청와대나 법무부에 보고되지 않았다. 박상기 당시 법무부 장관도 이날 아침 청와대에서 열린 국무회의에 참석했다가 뒤늦게 이성윤 당시 법무부 검찰국장에게서 압수수색 사실을 보고받았다. 박 전 장관이 곧바로 배성범 당시 서울중앙지검장에게 전화해 누구의 지시인지 물었지만 배성범은 "제가 말씀드리기 곤란하다"고 대답했다.

박 전 장관은 그날 오후에 윤석열 총장을 만났다. 이 자리에서 박 전 장관은 "대통령이 지명한 장관 후보자인데, 하필 인사청문회를 앞두고 이렇게 하는 것은 인사권자에 대한

조국 그리고 민정수석실

인사권 침해이고 정치 행위"라고 질책했다고 한다. 그러자 윤석열이 박 장관에게 노골적으로 조국 후보자의 낙마를 요구했다고 한다. 윤석열은 "부부는 일심동체니까 정경심 교수가 사모펀드 관련 문제가 있다면 곧 조국 장관의 문제"라고 강변하면서 "어떻게 민정수석이 사기꾼들이나 하는 사모펀드에 손을 댈 수 있느냐"고 목소리를 높였다고 한다.

윤석열은 조 후보자의 '낙마 요구'에 대해 부인하면서도 2020년 10월 22일 국정감사장에서 이렇게 답변했다. "이게 야당이나 언론에서 자꾸 의혹을 제기하고 나오는데, 만약에 사퇴를 하신다면 저희도 일처리하는 데 재량과 룸이 생기지 않겠나 싶습니다, 하는 의견을 드린 겁니다." 요컨대 '조국 후보자가 사퇴한다면 봐줄 수도 있다'는 취지로 말한 사실을 인정한 것이다. 이것이 '낙마 요구'가 아니면 무엇이란 말인가.

## 수사가 아닌 조국 사냥

이날을 시작으로 검찰은 총 100번 이상의 압수수색을 벌였다. 일부 언론에서는 "70여 회"라고 썼지만, 이는 조 후보자의 동생과 동생의 지인 등에 대한 압수수색은 빠진 숫자다. 윤석열은 2013년 10월 21일 법사위원회 국정감사에 출석해 이런 발언을 한 적이 있다. "수사라고 하는 것이, 초기에 어떤 사태를 딱 장악해가지고, 어느 정도까지 갈 때는, 정말로 표범이 사냥하듯이 할 수밖에 없는 상황이고…."

그랬다. 2019년 8월부터 몇 달 동안 조국 장관과 가족을 대상으로 윤석열 검찰이 벌인 것은 수사가 아니라 '사냥'이었다. 검찰이 기습적으로 대규모 압수수색을 벌였다는 소식을 듣는 순간, 나는 1979년 12월 12일 밤 전두환 일당이 상급자인 정승화 육군참모총장을 급습했던 '12·12군사반란'을 떠올렸다. '윤석열이 급기야 쿠데타를 일으키는구나!'

하지만 사태를 초기에 진압해야 할 청와대는 오판하고 있었다. 윤석열은 자신을 과시하는 정보를 흘려 청와대를 안심시키고, 민정수석실의 최강욱 공직기강비서관과 이광철 민정비서관을 고립시켰다. 조국 수석의 후임으로 김조원 민정수석이 부임했지만 민정수석실 진용은 모두 조국 수석과 같이 일한 사람들이었다. 조국을 지켜본 사람들은 사실이 아니라는 확신이 있었다.

하지만 이것이 최강욱, 이광철의 약점이 되었다. 심지어 내부에서 "쟤들은 조국 새끼들이니 믿을 수 없다"는 말까지 있었다고 들었다. 김조원 민정수석조차도 박형철과 최강욱, 이광철 비서관의 보고를 균형 있게 듣고 싶었지만, 박형철을 통해 검찰이 흘려주는 정보를 들으며 판단이 흐려져 갔다. 더구나 시시각각 진행되는 수사 중 조국에게 불리한 것들만 박형철을 통하여 민정수석실에 전파되니 최강욱, 이광철의 보고가 민정수석에게 통하기 어려웠다. 김조원 수석은 대통령에게 부담을 주고 있다는 생각에 조국 후보자에 대한 부정적 인식도 높아져 갔다.

김조원 민정수석의 보좌관이자 나와 함께 근무했던 박성오가 출간한 《검찰개혁은 박성오》에는 "김조원 민정수석에 의하면 검찰에서 '조국 수석이 내정되어 있는 상태를 인지한 검찰은 언론에 근거 없는 이야기를 흘리기 시작했습니다. … 부인인 정경심 교수나 또 그 친척들 명의로 다 나눠놨지만 그게 사실은 모두 다 조국의 돈이다. 그렇기 때문에 법무부 장관에 앉히면 안 된다'라는 것이 검찰 내부의 주장"이라고 기술되어 있다. 또 박성오는 박형철이 자신에게 마치 사실인 것처럼 "코링크 펀드, 실제 조국 수석님 것이 다 맞아. 수석님 좀 말려봐"라고 했다고 책에 기술하고 있다.

그리고 윤석열에 대한 역정보는 청와대 내부에서 혼선을 일으키는 주요한 역할을 했다. 윤석열은 본인이 '사모펀드 수사 전문가', '대통령에 대한 충심'이라는 정보를 흘린 것으로 알려졌다. 그로 인해 '설마 조국이?' 하던 사람들이 '혹시?' 하며 의혹의 씨앗을 틔우게 되면서 조국을 지지하는 민정수석실 사람들은 고립되기 시작했다. 윤석열에게 두 번 속은 것이다.

## "총칼은 안 들었으나 위헌적 쿠데타"

이 무렵 눈 밝은 사람들은 윤석열 검찰의 망동을 쿠데타로 의심하기 시작했다. 당시 노무현재단 이사장이었던 유시민 작가도 그중 한 사람이다. 유 작가는 그해 9월 28일 경남 창원에서 '언론의 역할'을 주제로 한 강연에서 "윤석열 총장과 검찰이 조국 장관을 넘어 대통령과 맞대결하는 양상까지 왔다. 이것은 총칼은 안 들었으나 위헌적 쿠데타나 마찬가지"라며 "검찰은 범죄자를 잘 처벌해야지 대통령 인사권에 간섭하는 방식으로 '구국의 결단'을 하면 안 되는 조직"이라고 질타했다.

유 작가는 조국 장관 후보자 가족 수사에 대해서는 "조 장관 본인에 대한 범죄 연루가 어려우니 부인, 자녀 문제로 도덕적 비난을 받게 하려는데 이것은 일종의 '가족 인질극'이다"라고 간파했다. 언론 보도 행태에 대해서도 "지금 조 장관에 대한 보도 양상은 2009년 '논두렁 시계' 보도와 똑같은 양상이고 정도는 더 심하다"고 비판했다. 이어 "노무현 대통령이 공격당할 때 발언도 잘 안 하고 주춤하다 일이 생겨버렸다"면서 "조국 장관이 어찌 될지 모르나 가만히 있으면 나중에 후회할 것 같아 '조국 전쟁'에 참전했다"고 밝혔다.

나중에 한동수 대검 감찰부장도 '채널A 사건' 감찰 및 수사 방해 의혹 관련 조사 과정에서 윤석열 검찰의 행태를 쿠데타에 비교하며 "군대에 의한 무력 쿠데타가 아니라 검찰 수

조국 그리고 민정수석실

사를 통한 쿠데타를 의식하고 있는 것 아닌가 하는 생각이 든다"고 말했다.

그랬다. 2019년 8월에 시작된, 이른바 '조국 사태'는 명백히 정치 검찰의 쿠데타였다. 검찰은 행정부 수반인 대통령의 인사권에 정면으로 반기를 들었다. 대통령이 지명한 장관 후보자를 공격해서 자신들의 권력 확대를 도모했다. 검찰이 출입 기자들에게 흘려준 내용을 언론이 받아쓰며 부풀려 여론을 조작하고 이를 빌미로 검찰이 압수수색을 벌이는 방식으로 없는 죄를 만들어냈다. 그렇게 신망받던 학자이자 공직자였던 조국과 그 가족을 무간지옥에 밀어넣었다. 이 모든 일의 주모자가 31개월 후 마침내 권좌에 올라 쿠데타가 완성되었다. 검찰 쿠데타, '검란檢亂'이다.

2021년 10월 19일 당시 대선 주자였던 윤석열은 부산 해운대갑 당원협의회를 방문한 자리에서 "전두환 전 대통령이 군사쿠데타와 5·18만 빼면, 그야말로 정치는 잘했다고 말하는 분들이 많다"고 말했다. 민주공화국의 헌정 질서를 무력으로 짓밟은 자들을 숭상하는 '쿠데타 DNA'를 가진 자라서 무의식중에 쏟아낸 망언이었다.

### 인사청문 자료 유출과 한동훈의 내로남불

2023년 5월 31일 서울경찰청 반부패·공공범죄수사대가

2022년 한동훈 법무부 장관 후보자 인사청문회 당시 자료가 유출된 경로를 수사하겠다면서 MBC 사옥과 임모 기자의 자택에 대한 압수수색을 벌였다. 며칠 뒤 6월 5일에는 최강욱 의원의 자택 앞에서 그의 휴대전화를 압수하고 국회 의원회관에 있는 의원실을 압수수색했다. 국회에 제출된 한동훈의 인사청문 자료가 최강욱 의원실을 통해 MBC로 유출됐다는 것이다.

공직 후보자가 국회에 보낸 인사청문 자료를 언론이 국회의원이나 정당을 통해 입수해 검증 보도에 활용해온 것은 오래된 관행이다. 따라서 인사청문 자료를 언론에 제공했다는 이유로 국회의원의 사무실과 언론사를 압수수색한 것은 전례가 없는 일이며 명백한 언론탄압이다.

지난 2019년 조국 법무부 장관 후보자 인사청문회 당시 국회에 제출된 모든 자료는 자유한국당 의원들에 의해 거의 실시간으로 언론에 보도되었다. 사모펀드 투자 자금 내역 등의 재산 현황, 후보자 자녀의 입시 서류 등이 국회에 제출됐고, 모든 언론이 이 내용을 대서특필했다. 게다가 검찰은 '피의사실 유포' 범죄를 저지르면서 언론의 의혹 보도를 부추겼다. 당시에 거의 모든 기사가 "조국 후보자가 국회에 제출한 인사청문 자료에 따르면…"이나 "검찰 관계자에 따르면…"으로 시작되었다.

조국 후보자의 인사청문 자료는 후보자 검증을 위해 국

회에 제출된 자료이며 이것을 언론에 공유한 것은 '개인정보 유출'이라 할 수 없다는 것이 당시 자유한국당과 검찰, 그리고 언론의 입장이었다. 심지어 조국 장관 당시에 자녀의 고등학교 학교생활기록부를 불법으로 입수해 들고나와 흔들었던 주광덕 당시 자유한국당 의원조차 처벌받지 않았다. 만약 이 사건을 한동훈 장관 후보자의 인사청문 자료 유출 사건을 수사하듯이 했다면, 조민 생활기록부 유출 사건의 진범은 진즉에 밝혀져 처벌받았을 것이다. 검찰의 이중잣대는 이제 교묘하지도 않고 대놓고 노골적이다.

# 국민과 대통령을 속인 윤석열

## 견제받지 않는 권력이 된 검찰

지난날 독재 정권 시절에는 무소불위의 권력기관들이 있었다. 중앙정보부·안기부 등의 정보기관, 보안사령부·기무사령부와 같은 군 방첩기관, 경찰 조직인 치안본부 등이 있었다. 이들은 독재자에 충성하며 국민 위에 군림했다. 민주화 이후 이들은 공공연한 권력기관으로 행세하지 못했다. 그 자리를 대체한 것이 검찰이었다. 군사독재에 부역하는 '법 기술자 집단'이었던 검찰은 노태우 정부의 '범죄와의 전쟁' 당시 직접수사를 확대하면서 힘을 키웠고, 김영삼 정부 시절 전두환·노태우를 구속하면서 존재감을 확립했다.

검찰은 수사와 기소, 집행 등 국가형벌권 실현의 전 과정을 관장하고, 이 과정에서 국민의 기본적 인권의 위헌·위법적 침해가 발생하지 않도록 적법성 통제를 담당하는 기관이다. 따라서 검찰은 비록 행정부에 속하여 있음에도 그 직무를 수행할 때 '국민 전체에 대한 봉사자'로서 헌법과 법률에 따라 국민의 인권을 보호하고 적법 절차를 준수하며, '정치적 중립'을 지켜야 하고 주어진 권한을 남용해서는 안 된다.

그러나 검찰은 역대 정부 초기에는 전임 정부를 수사하며 인기를 얻고, 집권 후반기 정부에 대한 국민의 지지가 약해지면 대통령과 그 가족, 측근을 수사하며 힘자랑하는 행태를 되풀이해왔다. 수사 과정에서는 피의사실을 언론에 흘리면서 여론 재판을 주도했다. 수사를 진행할지 여부를 법률에 따르지 않고 정치적 영향을 고려하여 자의적으로 결정했다. 이러한 과정에서 검찰에 의한 과잉 수사와 표적 수사가 횡행했고, 검찰은 권력의 감시자에서 권력 그 자체로 변질되었다.

검찰이 가진 무소불위의 권력은 독점에서 나온다. 검찰은 수사권과 기소권을 독점하고 있다. 피의자에 대한 기소·불기소를 결정하고, 구속·압수수색 등 영장청구권까지 독점하고 있다. 검찰은 이러한 막강한 권한을 독점적으로 보유하고 있으면서도 어떠한 견제나 감시도 받지 않았다. 외청인 검찰청을 지휘하고 견제해야 할 법무부는 오히려 검찰에 장악되어 있다. 법무부의 주요 보직을 검사들이 차지하는 것이 관행이었다. 검찰을 견제할 수 있는 국내 정부 부처나 기관은 사실상 존재하지 않게 되어버렸다.

검찰의 권력기관화로 인한 피해는 고스란히 국민이 감당할 수밖에 없었다. 권력형 비리에 대해 검찰이 공정하고 엄중한 법의 잣대로 수사했더라면 박근혜 정부 시절 최순실 '국정농단' 사태도 없었을 것이다.

촛불혁명으로 탄생한 문재인 정부는 권력기관 개혁이라는 시대정신을 실현하기 위해 공수처 설치, 검·경 수사권 조정, 검찰 인사 관련 제도 정비, 법무부의 탈검찰화 등을 중요한 국정과제로 설정했다. 특히 임기 내에 검찰개혁을 완수하기 위해 힘을 쏟았다. 나를 포함한 민정수석실 '어공'들은 늘 권력기관의 감시를 받고 있다고 생각하고 사소한 꼬투리도 잡히지 않도록 조심했다. 심지어 연말 송년회 술자리를 몇 시에 끝내야 하는지를 두고 열띤 토론을 하기도 했다.

### "저는 사람에 충성하지 않습니다"

2013년 10월 19일 서울고등검찰청에서 열린 국회 법제사법위원회의 서울고검 및 서울중앙지검 등에 대한 국정감사에서 당시 새누리당(현 국민의힘) 소속이었던 정갑윤 의원이 증인으로 출석한 윤석열 당시 수원지검 여주지청장을 불러냈다. 윤석열 지청장은 당시 채동욱 검찰총장의 지시로 '국정원 댓글' 사건 특별수사팀장을 지휘하다가 "수사에 외압이 있었다"고 폭로해 이른바 '항명 파동'에 휩싸여 있었다.

"증인은 혹시 조직을 사랑합니까?"

"예, 대단히 사랑하고 있습니다."

"사랑합니까? 혹시 사람에 충성하는 것은 아니에요?"

"저는 사람에 충성하지 않기 때문에 제가 오늘도 이런 말씀을 드리는 겁니다."

이날의 어록 "사람에 충성하지 않는다"로 검사 윤석열은 '의로운 강골 검사의 표상'이 되었다. '국민 사기극'의 시작이었다. 이후 2016년 11월 '박근혜 정부의 최순실 등 민간인에 의한 국정농단 의혹 사건 규명을 위한 특별검사'(국정농단 특검)의 수사팀장을 맡게 되면서 윤석열 검사는 일약 '국민 영웅'으로 떠올랐다.

이런 인기에 힘입어 문재인 대통령은 2017년 5월 19일 윤석열 대전고검 검사를 서울중앙지검장으로 발탁해 임명했다. 조국 수석에게 들은 이야기지만 윤석열은 정권 출범 초기부터 이미 서울중앙지검장에 내정되어 있었다고 한다. 그리고 그 당시 민정수석실 진용은 채 짜여 있지 않아 충분한 검증을 하지 못했다. 민정수석실에는 조국 민정수석 외에 극소수만 근무하는 상황이었다. 대통령선거 이후 즉시 임기를 시작한 촛불 정부의 운명이었다.

게다가 문재인 정부 출범 직후 '검찰 돈봉투 회식' 사건이 터지면서 공석인 검찰총장 인선을 비롯해 검찰 인사를 서둘러야 했다. 이런 상황이다 보니 윤석열의 중앙지검장 임명은 속전속결로 진행되었다. 당시 민정수석실에는 장관 내정자들에 대한 검증 수요가 넘쳐 이미 국민 영웅이 된 윤석열을 제대로 검증할 여력이 충분하지 않았던 것이 사실이다. 이후 윤석열은 적폐 청산 수사를 주도하며 검찰 특수부 패밀리의 수장이 되어갔다. 만약 문재인 정부도 다른 정부와 같이 정상적인 인수위 과정을 거쳐 출범했다면 많은 것이 달라졌을 것이다.

두고두고 아쉬운 점은 서초동에서 윤석열 대망설이 나돌고 있었으나 윤석열은 그럴 그릇도 못 되거니와 특수부 측근 몇 사람이 꿈꾸는 허망한 지라시일 거라고 간과하고 넘어갔다는 것이다. 이것이 윤석열 검찰 쿠데타의 시작이었을지도 모른다.

그로부터 2년 후 윤석열이 검찰총장 후보로 지명되었을 때 뉴스타파가 그의 변호사법 위반 혐의를 폭로했지만, 귀담아듣는 사람은 많지 않았다. 그만큼 다들 '의로운 검사'에 목말라 있었다. 온 국민이 속았고, 대통령도 속았다.

입에 바른 꿀과 뱃속에 품은 칼

그러나 윤석열의 본색이 드러나는 데에는 그리 오래 걸리지 않았다. 2019년 7월 25일 검찰총장으로 취임한 그는 한 달 후인 8월 27일 문재인 대통령이 지명한 조국 법무부 장관 후보자에 대한 대대적인 압수수색을 벌였다. 자신의 상급자인 박상기 법무부 장관에게 보고하지도 않고 기습적으로 벌인 일이었다. 대통령이 임명한 검찰총장이 대통령의 인사권을 부정하고 정면으로 반기를 든 것이다.

사실 윤석열의 검찰총장 발탁 과정에서 그의 권력욕과 포악한 본성, 각종 비리 의혹 등을 알고 우려했던 이들이 없었던 것은 아니다. 특히 법조계에서 오랫동안 그를 봐왔던 이들은 그의 검찰총장 임명에 반대 의견을 제출했었다. 청와대 민정수석실에서 공직기강비서관으로 근무했던 최강욱 비서관도 그중 한 명이었다. 공직 후보자에 대한 인사 검증을 담당했던 최 비서관은 윤석열이 부적격자라는 보고서를 두 번이나 제출했었다.

사실 조국 민정수석도 같은 의견이었다. 일각에서는 조국 수석이 윤석열을 천거하지 않았느냐고 오해하는 이들도 있지만, 그렇지 않다. 조국 수석은 내심 당시 김오수 법무부 차관과 봉욱 대검찰청 차장을 검찰총장 후보로 꼽고 있었다고 나중에 말했다.

그러나 문재인 대통령은 결국 윤석열을 검찰총장으로 임명했다. 오늘날 이를 두고 대통령을 비난하는 이들이 많다는 것을 잘 알고 있다. 윤석열에 의해 조국 일가가 '멸문지화'를 당하는 것을 가까이에서 지켜본 나도 솔직히 대통령에게 원망스러운 마음이 들 때가 없지는 않다. 그렇지만 당시 사정을 어느 정도 이해한다. 내 생각에 문재인 대통령이 윤석열을 검찰총장으로 발탁하게 된 데에는 네 가지 배경이 있다.

첫째, 윤석열의 '돌파력'이 검찰개혁에 도움이 될 것이라는 판단이었다. 수십 년 동안 기득권 카르텔을 형성하고 자신들의 기득권이 위협받는 경우 집단으로 저항하는 검찰을 내부에서부터 제압하려면 윤석열 같은 인물을 검찰 조직의 리더로 세워야 한다고 생각하는 이들이 많았다. 게다가 당시에 윤석열은 "사람에 충성하지 않는다"라는 어록과 적폐 청산 수사 등으로 대중적 인기를 누리며 '국민 검사'로 칭송받고 있었다.

둘째, 검찰개혁에 대한 윤석열의 적극적인 태도였다. 2019년 당시 검찰총장추천위원회가 추천한 후보는 윤석열(서울중앙지검장), 김오수, 봉욱, 이금로(수원고검 검사장) 등 4명이었다. 이 중 윤석열이 검찰개혁에 대해 가장 강력한 의지를 밝혔다. 조국 수석은 각 후보자 면담에서 윤석열 후보자만 수사·기소 분리에 적극 찬성이었고, 다른 후보자들은 소극적이었다고 했다. 최강욱 비서관에 따르면, 윤석열은 검·경수사권 조정을 넘어 '수사와 기소의 분리'에도 동의했으며 고위공직자범죄수사처도 당연히 신설되고 권한이 강화되어야 한다고 주장했다고 한다. 얼마 안 가서 드러났듯이, 검찰총장이 되기 위해 본심과 전혀 다른 새빨간 거짓말로 대통령을 속인 것이다.

셋째, 대통령 주변에 이미 윤석열과 친교를 맺고 그를 적극적으로 천거하는 인물들이 있었다. 이들이 대통령의 판단을 흐리게 만들었다. 이미 널리 회자하고 있는 인물들이어서 여기서는 굳이 실명을 언급하지 않겠다. 이들도 지금은 윤석열에 대한 배신감을 토로하고 있다.

마지막으로 조국 수석이 좀 더 적극적으로 반대하지 못했기 때문이다. 대통령의 의중을 읽은 조 수석은 그럴 수 없었다. 조국 수석은 김오수 차관이 적임자라고 생각했다. 하지만 전임자인 문무일 검찰총장이 광주 출신으로 관례상 다시 호남 출신인 김오수 차관을 검찰총장에 임명하는 것은 정치적 부담이 컸다. 후보군 중에 강력하게 천거할 만한 사람이 없었던 것도 조국 수석이 반대하기 힘든 이유였다. 문재인 대통령도 마찬가지였을 것이다. 아직도 지역감정으로 인한 정무적 고려가 필요한 시절이라는 것이 안타깝다.

권력의 실세라고 불리는 사람들이 윤석열과 술자리를 가진다는 이야기도 돌았다. 그중 일부는 윤석열에게 민주당 대선 후보로 나서야 한다는 말도 했다고 한다. 평소 이들은 민주당에 대선 후보가 많아져야 정권 재창출이 가능하다고 주장하던 사람들이었다. 윤석열에게 치열한 경쟁을 거쳐 대선 후보가 된다면 적폐 청산 수사로 국민에게 인기가 많으니 당신도 못 할 이유가 없다고 부추긴다는 소문이 무성했다.

윤석열의 대권에 대한 꿈은 어쩌면 야당이 아닌 '민주 진영'에서 심어준 것일지도 모르겠다. 윤석열이 대놓고 그런 뜻을 내비치지는 않았지만, 안희정, 박원순 등 유력 대선 후보들의 문제가 잇따라 불거지자 대권이 꿈이 아닐지도 모른다고 생각했을 것이다. 남은 방해물은 '조국'이 유일했다. 그래서 조국 법무부 장관 후보자 인사청문회 과정에서 문제가 제기되자마자 득달같이 달려들어 조국을 사냥했던 것이다.

2019년 12월 6일 자 《경향신문》에 〈윤석열 "충심 그대로…정부 성공 위해 악역"〉이라는 제목의 기사가 실렸다. 유명한 친검親檢 기자 유희곤이 쓴 '단독' 기사였다. 이 기사는 "윤석열 검찰총장이 '문재인 대통령에 대한 충심에는 변화가 없다. 이 정부의 성공을 위해 내가 악역을 맡은 것'이라고 말한 것으로 전해졌다"로 시작한다. 요컨대 윤석열 검찰총장이 딴마음을 먹고 문재인 대통령에 대한 반란을 일으킨 것이 아니라 오히려 문재인 정부의 성공을 위해 욕먹을 각오를 하고 조국에 대한 수사와 '울산 사건' 등의 수사를 감행했다는 것이다.

그러나 이 기사는 황당무계한 '윤비어천가'였다. 이미 윤석열은 노골적으로 야욕을 드러내며 청와대에 칼끝을 겨누고 공공연하게 반란을 도모하고 있었다. 윤석열 일당에 의해 만신창이가 된 조국 전 장관은 2021년 3월 14일 자신의 페이스북에 위 기사를 소개하면서 다음과 같은 글을 올렸다.

　　　　　　　　　　조국 그리고 민정수석실

당시 이러한 윤 총장의 정치적 언동을 접하면서 옛말이 떠올랐다. '구밀복검.' 당시 윤 총장은 대통령을 겨누는 '울산 사건' 수사를 진행하고 있었다.

알다시피 '구밀복검口蜜腹劍'은 입으로는 달콤한 말을 하지만, 뱃속에는 칼을 품고 있다는 뜻이다.

노영민 전 대통령 비서실장도 2022년 2월 오마이TV에 출연해 "윤석열 (대통령) 후보는 정직한 사람이 아닌 것 같다. 가슴속에 배신의 칼을 숨기고 대통령과 국민을 속였다. 제발 정직했으면 좋겠다"며 "윤 후보는 총장 면접 과정에서 문재인 정부의 검찰개혁 방향에 대한 찬성은 물론, 오히려 정부보다 더 높은 수준의 의견을 내놓으며 필요성을 가장 강력하게 주장했던 후보였다"고 배신감을 털어놓았다.

# 윤석열의 나팔수들

## 쏟아지는 검찰발 '단독' 보도들

'조국 사태'로 시작된 검찰 쿠데타의 일등 공신은 단연 언론이었다. 언론은 '검찰의 충실한 대변자'를 자처했다. 표창장, 장학금, 논문, 사모펀드 등 터무니없는 모략들을 마치 확증된 불법행위인 것처럼 단정하고, 조국 장관과 그 가족을 범죄자로 낙인찍고 도덕적으로 단죄했다.

2019년 8월 조국 법무부 장관 후보자 지명 시점부터 같은 해 9월 6일 국회 인사청문회까지 한 달 동안 언론이 쏟아낸 조국 후보자 관련 보도가 100만 건이 넘는다는 분석도 있다. 2009년 노무현 대통령의 서거 직전까지 이른바 '논두렁 시계' 관련 보도가 약 2만 5,000여 건이었던 것을 훨씬 능가하는 보도량이다. 기사의 대부분은 검찰이 조 후보자를 모함

조국 그리고 민정수석실

하고 여론을 악화시키기 위해 기자들에게 흘려준 내용을 사실 확인 없이 받아쓴 것이었다.

9월 9일 문재인 대통령이 조국 장관을 임명한 이후에도 조국 장관에 대한 악의적인 보도들은 여전했다. '단독' 보도들도 많았다. 민주언론시민연합(민언련)의 분석에 따르면 법무부 장관 임명 다음 날인 9월 10일부터 조국 장관 자택에 대한 압수수색 다음 날인 24일까지, 15일 동안에만 총 166건의 단독 보도가 나왔다. 하루 평균 11건씩 단독 보도가 나온 셈이다.

신문의 경우 종합 일간지 7곳이 99건의 단독 보도를 내놨다. 《중앙일보》 27건, 《조선일보》 23건, 《동아일보》 21건 순이다. 방송도 이 기간 67건의 단독 보도를 냈는데 채널A가 34건으로 가장 많았다. SBS는 10건, KBS는 8건의 단독 보도를 했다. 언론이 국민의 알권리를 위해 취재 경쟁을 하면서 단독 보도를 내는 것은 나쁜 일이 아니다. 문제는 내용과 출처였다.

"검찰에 따르면…"이나 "검찰은 이같이 파악하고 있다" 등 검찰발 단독 기사가 압도적으로 많았다. 특히 《동아일보》가 12건, 《조선일보》가 8건으로 검찰발 단독 기사를 많이 냈다. 가끔 "법조계에 따르면…"이라는 기사들도 나왔는데 법조계의 누구인지, 판사인지 검사인지 변호사인지는 밝히지 않았다. 이런 식의 '따옴표 기사'는 언론 스스로 자존감과 자신의 사회적 책무를 저버리는 폐습이다.

단독 보도의 내용도 심각한 문제였다. 검찰 내부의 수사 관계자들만 알 수 있는 '피의사실 공표'에 해당하는 내용이었다. 이런 기사들의 공통점은 검찰이나 자유한국당 등의 주장을 사실 확인 없이 받아썼다는 것과 여론 재판을 통해 조국 장관과 그 가족을 파렴치한 위선자나 범죄자로 몰아가려는 의도를 노골적으로 드러냈다는 것이다.

## 취재 경쟁이 부른 정경심 교수의 치료 거부

실제 기사 내용은 조국 장관과 직접적인 관계가 없는데 제목에 조국을 끼워 넣은 '제목 장사용' 기사들도 많았다. 9월 18일 자《조선일보》의 〈조국 처남이 몸담은 해운사, 계열사 명의로 北 석탄 운반선 소유〉라는 기사가 대표적이다.

기사 내용은 조국 장관의 처남이 한 운송업체에서 상무 이사로 근무하는데, 그 회사의 모기업인 해운사가 지분을 갖고 있는 다른 회사가 중국계 해운사에 팔았던 선박 한 척이 북한산 석탄을 실어 다른 나라에 팔았다는 것이었다. 다시 말해 조국 장관과 전혀 무관한 회사가 선박을 중국 회사에 팔았고, 이 중국 회사의 배가 중미 국가인 벨리즈 국적의 선박으로 바뀐 뒤에, 북한 남포항에서 석탄을 실어 중국·베트남 등지로 운송했던 것이다. 제목만 보면 마치 정경심 교수 동생의 회사가 북한과 거래하고 있다는 인상을 받게 된다. 이 기사의

조국 그리고 민정수석실

출처는 자유한국당 주광덕 의원이었다.

종편 방송인 채널A는 9월 21일 〈"정경심 처음 봤다"던 병원장은 서울대 동기〉라는 기사를 보도했다. "정경심 교수가 입원한 병원의 원장이 서울대 의과대 81학번인데, 정 교수도 서울대 영문과 81학번이다"라면서 "하지만 이 병원장은 '정 교수를 이번에 처음 봤다. 다른 환자들과 똑같은 입·퇴원과 진료 절차를 거쳤다'고 설명했다"라는 내용이었다. 채널A는 한 학년에 수천 명씩 다니는 종합대학에서 각각 의과대와 영문과를 다닌 두 사람이 서로 몰랐다는 사실이 정말 기삿거리라고 생각했을까.

이런 언론의 취재 경쟁으로 일부 병원에서는 정경심 교수의 치료를 거부하기도 했다. 전쟁 중에도 아군과 적군에 상관없이 치료해야 할 의료인들이 언론 보도가 집중되자 다른 환자의 치료에 방해된다는 이유로 치료를 거부한 것이다. 조국 장관은 정경심 교수가 치료받을 병원을 찾기 위해 애썼다.

조국 장관의 동생은 넘어져 앰뷸런스를 타고 병원에 입원했다. 의사는 수술이 필요하다는 진료 소견을 가지고 있었고 동생은 수술을 위해 뒷머리까지 삭발했다. 하지만 담당 의사는 의사 출신 검사를 만난 후 수술이 필요 없다고 입장을 바꿨다. 영화 〈그대가 조국〉에 출연한 동생의 지인은 "찾아가는 병원마다 기자들이 쫓아와서 의료진이 부담스럽다고 환자로 받아주지 않았다"고 울분을 토했다. 윤석열의 사냥감이 된 조국 가족에게는 인권도 인도주의도 없었다. 비정하기 이를 데 없었다.

## 진실보다 '짜장면'만 궁금했던 기자들

압권은 검찰이 조국 장관의 자택을 압수수색하던 9월 23일에 벌어진 취재 풍경이었다. 조국 장관 자택 주변에 기자 수십 명이 몰려들어 진을 치고 있었다. 압수수색이 장시간 지속된 탓에 집 안에 있던 가족과 압수수색을 집행하던 검찰 관계자들이 배달 음식을 주문했다. 배달을 마치고 돌아가는 중국집 배달부에게 현장에 있던 기자들이 몰려들었다. 나중에 SBS 소속으로 밝혀진 여성 기자가 기자들을 대표해서 질문하는 장면이 TV로 방송되었다.

"어떤 음식을 먹었나요? 몇 그릇 시켰어요? 그것만 말씀해주시면 안 돼요? 찌개류를 먹었나요? 아니면 짜장면이나 짬뽕 같은 걸 먹었나요?"

언론도 이런 보도 행태가 스스로 민망했는지 2019년 10월 9일 한국기자협회가 뒤늦은 성찰을 내놨다. 물론 이후에도 달라진 것은 없었다. 언론은 조국 장관의 집 앞에 카메라를 설치하고 집 안까지 감시하는 지경에 이르렀다. 결국 주민들의 항의로 아파트 밖으로 쫓겨났지만, 여전히 몇 대의 카메라는 남아 있었다. 조국 장관을 찾아가 보고 싶었지만 그는 나에게 오지 않는 게 좋겠다고 했다. 그의 가족은 철저하게 고립되었다. 할 수 있는 것은 전화 통화밖에 없었다.

## 총장 직인 파일 발견을 열흘 전에 '예언'한 SBS

윤석열 검찰은 2019년 9월 6일 조국 후보자 인사청문회 진행 도중에 전격적으로 배우자 정경심 교수를 기소했다. 조민에게 발급된 봉사 활동 표창장을 정 교수가 위조했다는 혐의였다. 동양대 총장 최성해의 "표창장을 발급해준 적 없다"는 일방적인 주장만을 근거로 피의자 소환 조사도 압수수색도 없이 기소를 감행한 것이다. '검찰개혁을 추진하겠다는 장관의 임명을 막으려는 폭거'라는 비판이 일었다. 조국 장관 관련 온갖 의혹들을 반신반의하던 시민들은 분노하기 시작했다.

억지 기소로 궁지에 몰린 검찰을 구원해준 것은 다음 날인 9월 7일 자 〈조국 아내 연구실 PC에 '총장 직인 파일' 발견〉이라는 제목의 SBS 단독 보도였다. "검찰이 이 PC를 분석하다가 동양대 총장의 직인이 파일 형태로 PC에 저장돼 있는 것을 발견한 것으로 SBS 취재 결과 확인됐습니다. 검찰은 총장의 직인 파일이 정 교수의 연구용 PC에 담겨 있는 이유가 석연치 않다고 보고 있습니다. 딸 조 씨에게 발행된 총장 표창장에 찍힌 직인과 이 직인 파일이 같은 건지 수사하고 있습니다."

정 교수가 표창장을 위조했다는 검찰과 최성해의 주장
을 뒷받침해주는 이 보도가 검찰에 대한 비판 여론을 순식간
에 잠재웠다. 그런데 이 보도는 처음부터 끝까지 허구였다.
총장 직인 파일이 발견된 것은 '연구실 PC'가 아니고 '강사 휴
게실 PC'였다. 게다가 이 강사 휴게실 PC는 SBS 보도 후 3일
이나 지난 9월 10일 검찰이 동양대에서 임의 제출받은 것이
다. 그 후에도 일주일 동안의 디지털포렌식을 거쳐 9월 17일
에야 총장 직인 파일이 발견되었다.

즉 "정경심 교수 연구실 PC에서 '총장 직인 파일'이 발견
됐다"던 SBS의 보도는 파일이 발견된 PC가 틀렸을 뿐만 아니
라 발견되기 10일 전의 '예언 보도'였던 것이다. SBS가 '타임
머신'을 보유하고 있지 않다면 불가능한 일이다.

어쨌든 SBS의 예언 보도로 인해 정경심 교수의 '표창장
위조'를 사실로 믿는 사람이 많아졌다. 이런 여론이 정 교수
의 재판 과정에서 매우 불리하게 작용했을 수밖에 없다. 그러
나 SBS는 아직도 이 '예언 보도'에 대해 해명도 사과도 하지
않고 있다.

### '조국 흑서'와 검찰 쿠데타의 부역자들

진보를 자처하면서도 '조국 사태'가 실은 '검찰 쿠데타'였다는
것을 깨닫지 못하고 검찰과 언론의 선동에 부화뇌동한 이들

이 있었다. '도덕 프레임'에 갇혀 조국 장관 비난에 열을 올린 이들의 언행은 결과적으로 윤석열 검찰의 반란을 도왔다.

　사태 초기에 시민단체 '참여연대'의 집행위원장을 지낸 회계사 김경률은 SNS를 통해 자신의 직업적 전문성으로 분석한 결과 사모펀드는 조국의 비리가 맞다는 취지의 주장을 했다. 참여연대는 홈페이지에 "김경률 회계사가 SNS에 올린 글은 참여연대 입장이 아님을 분명히 밝힌다"고 공지하고 그를 징계위원회에 회부했다. 그러자 김경률은 "시민단체로서의 본분을 망각하고 조국의 비리에 대해 침묵하고 있다"며 참여연대를 비난했다.

　'민주사회를 위한 변호사모임'(민변) 소속 김종보 변호사도 "일시적 비난 여론에 등 떠밀려 십수 년 열과 성을 다해 활동한 사람을 내치는 것"이라며 참여연대를 비판했다. 칼폴라니사회경제연구소장 홍기빈은 "참여연대가 이렇게 오랜 기간 성실히 활동해온 활동가를 징계했다는 얘기는 들어본 적이 없다"고 거들었다. 민변 소속 변호사였던 권경애는 김경률의 '조국 펀드' 주장에 맹목적으로 동조하면서 조국 장관의 '위선'을 질타했다. 특히 그는 문재인 정부에 '파시즘'이라는 딱지를 붙이기도 했다.

　경제정의실천시민연합(경실련)은 9월 8일 조국 장관의 자진 사퇴를 촉구하는 성명을 냈다. 경실련 관계자는 "시민사회 내에서는 박근혜 탄핵 촛불 이후에 문재인 정부가 잘돼야 한다는 전제가 깔려 있는데, 어떤 방식으로 시민단체가 잘해 줘야 하느냐에서 차이가 있다. 조국 사안에 침묵하면 앞으로 어떤 인사도 말할 수 없다"고 했다.

1990년대에 《나는 빠리의 택시 운전사》라는 책을 낸 이래 30여 년 동안 '진보 진영의 현자'로 떠받들어졌던 홍세화는 "조국을 수호하겠다는 일은 진보가 아니다", "불평등의 대물림에 있어서는 조국과 한동훈은 하나다"라는 궤변을 늘어놓았다.

2019년 당시 동양대 교수였던 진중권도 조국 장관의 오랜 친구를 자처하며 '내 친구 꾸기'를 나무랐다. 진중권은 정의당이 조국 장관 임명에 적극적으로 반대하지 않는다는 이유로 탈당계를 내고 "다들 진영으로 나뉘어서 미쳐버린 게 아닌가라는 생각이 든다. 신뢰했던 사람들을 신뢰할 수 없게 되고, 존경했던 분들을 존경할 수 없게 되고, 의지했던 정당도 믿을 수 없게 됐다"고 주장했다.

조국은 진중권의 변신을 가슴 아파했지만, 나는 진중권이 본래부터 '진보 표방 생계형 논객'이었다고 평가한다. 그는 언론의 주목을 받기 위해 친구를 비난하고 손가락질했다. 이런 사람을 친구로 둔 조국의 마음은 어떠했을까? 그가 왜 그런 건지 조국 수석에게 물어봤지만 그는 "나도 잘 모르겠다"라고만 답한 채 더 이상 말이 없었다.

2020년 8월 김경률, 진중권, 권경애, 서민이 《프레시안》

기자 강양구와 함께 《한번도 경험해보지 못한 나라》라는 책을 펴냈다. 문재인 대통령의 취임사를 패러디해서 비꼰 제목이다. 이 책은 '조국 흑서'라는 별칭으로 불렸는데, 이 책보다 며칠 앞서서 김민웅 경희대 미래문명원 교수, 전우용 한국학중앙연구원 객원교수, 최민희 전 국회의원 등이 펴낸 《검찰개혁과 촛불시민》이라는 책의 별칭이 '조국 백서'인 것을 비꼰 것이었다.

'조국 흑서'의 논리는 조악하고 문체는 야비하다. 오로지 '조국이 사모펀드로 권력형 비리를 저질렀고, 조국을 옹호하는 이들은 진영 논리에 빠져 있다'는 공허한 주장만 무한 반복한다. 책을 낸 이후에도 저자들의 자기부정은 계속되었다.

'조국 흑서'의 저자들은 검찰이 흘린 날조된 피의사실과 언론의 검찰 받아쓰기 보도만 믿고 조국 장관을 돌팔매질했으며, 조국 장관을 '위선자'로 낙인찍는 일에 몰두했다. 그들은 인권의 가치와 검찰개혁의 대의에 등을 돌리다가 급기야 윤석열 검찰을 옹호하더니 검찰 쿠데타의 부역자를 자처했다. 윤석열 정권이 들어선 이후 급격하게 민주주의가 파괴되고 있는 것을 목도하면서도 그들은 반성하지 않고 있다. 그들은 진보적이지 않을뿐더러 정직하지도 않다.

# 두 번의 청문회, 적중한 예언

## 열리지 않는 인사 청문회

2019년 8월 9일 조국 전 민정수석이 법무부 장관 후보자로 지명되었고 8월 14일 인사청문요청안이 국회에 송부되었다. 장관 후보자가 지명되면 해당 부처에 소속 공무원들로 '인사청문회준비단'이 설치되어 후보자를 돕는다. 김후곤 법무부 당시 기획조정실장(검사장)이 인사청문회준비단장을 맡았고 민정수석실에서는 김미경 변호사가 합류해서 인사청문회를 준비했다.

그해 1월 하순 청와대 근무를 마치고 민간기업 임원으로 재직하고 있던 나는 여전히 조국 후보자를 개인적으로 보좌하고 있었다. 한번 보좌관은 영원한 보좌관이다. 공무원 신분이 아니었던 탓에 종로구에 있는 인사청문회준비단 사무실로 출근하지는 못했지만, 청와대에서 함께 일했던 이들과 수시로 소통하면서 청문회 관련 상황을 듣고 의견을 전달했다.

가장 먼저 내가 강조했던 것은 "검사들을 믿지 말라"였다. 정부조직법상 법무부의 외청인 검찰이 사실상 법무부를 장악하고 있었다. 법무부의 주요 간부들은 대부분 검찰 출신이다. 당연히 인사청문회준비단장인 김후곤 실장을 비롯해 검사 여러 명이 준비단에 파견되어 있었다. 윤석열 검찰이 대대적으로 조국 후보자에 대한 사냥에 나선 와중에 인사청문회준비단으로 파견 나와 있는 검사들도 믿을 수 없었다. '내부의 적'으로 간주하고 조심해야 한다고 생각했다.

인사청문회준비단 주변을 취재해보니 파견 검사들이 준비단 초기와 달리 불안해한다는 이야기가 나왔다. 통상 공무원이 장관 후보자의 인사청문준비단에 참여하면 나중에 본인의 인사 과정에 알게 모르게 도움이 되기 때문에 준비단 파견을 은근히 기뻐하기 마련이다. 그런데 검찰이 조국 장관에 대한 공격을 시작한 이후부터는 파견 검사들이 불안한 기색이라는 것이었다. 어쩌면 이들을 통해 정보가 유출되지 않았을까 걱정되었다.

한편 인사청문회 개최는 기약 없이 지체되었다. 더불어민주당과 자유한국당은 인사청문회 일정에 합의하지 못하고 있었다. 자유한국당은 조 후보자와 관련한 의혹들을 빌미로 정치적 공세를 이어가며 청문회 일정을 합의해주지 않았다.

법률상 인사청문회 마감일인 9월 2일부터 3일까지 이틀 동안 인사청문회를 개최하기로 한때 합의했지만, 자유한국당은 조국 후보자의 가족을 증인으로 부를 것을 요구하며 억지를 부렸다. 증인 채택 문제를 트집 잡아 결국 9월 2일 청문회 개최마저 무산되었다.

## 국회를 대신한 '국민 청문회'

청문회 개최가 무산되자 이인영 당시 더불어민주당 원내대표를 비롯한 더불어민주당 쪽에서 '국민 청문회'라는 이름으로 기자간담회를 열자고 제안했다. 근거 없이 난무하는 의혹들에 대해 조 후보자가 직접 나서 해명하는 것이 필요하다는 의견이었다. 이 이야기를 조국 장관 후보자에게서 전해 들은 나는 격렬하게 반대했다.

　오랫동안 정치 영역에서 활동해온 나는 그런 자리에 후보자가 나서는 것이 백해무익하다고 판단했다. 기자들의 악의적인 질문에 답하다 보면 아무래도 사소한 팩트의 오류가 발생할 수 있다. 그런 것들이 또 '거짓말 논란'의 꼬투리가 된다. 이미 검찰과 유착 관계에 있던 언론의 먹잇감만 될 것이 불 보듯 뻔했다. 이는 맨몸으로 사자 우리에 걸어 들어가는 것이나 다름없었다. 조 후보자도 내 판단에 동의했지만, 더불어민주당이 '선의'로 제안한 것을 거부할 수 없었다.

조국 그리고 민정수석실

법정 인사청문회 기한 마지막 날인 9월 2일 조 후보자가 기자 간담회를 자청했다. "오늘이 법정 기한 마지막 날입니다. 그런데 무산됐다는 소식 들었습니다"라며, 본인이 직접 소명 기회를 만들어달라고 더불어민주당에 요청했고 더불어민주당이 허락해주었다고 밝혔다. 그러나 사실은 더불어민주당의 요청에 조 후보자가 응했던 것이다. 이미 당과 청와대의 조율이 끝나 있었다. 검찰이 대통령 인사권에 개입하려는 시도를 차단해야 된다고 판단한 것이다. 조국 후보자가 국민에게 직접 해명하는 자리를 만들어 대통령의 임명 부담을 덜어주자는 판단이었을 것이다.

하지만 나는 조국 후보자가 기자들 앞에서 해명을 아무리 잘한다고 해도 언론의 태도는 바뀌지 않을 것이라고 확신했다. 또 기자들과의 간담회 이후에 다시 청문회를 한다면 두 번의 청문회를 하게 되어 결과적으로 야당에 먹잇감만 더 만들어주는 것이라고 판단했지만, 나는 조국의 지인이었을 뿐이다. 조국 후보자에게 나의 견해를 조언하는 것 외에는 권한도, 할 수 있는 일도 없었다.

'황현선은 조국 편'이라는 인식이 나의 의견에 대해 귀담아듣지 않는 결과를 낳은 것은 아닐까 하는 반성 아닌 반성, 후회 아닌 후회도 많이 했었다. 나는 당시 그런 결정에 참여했던 사람들에게 화내는 것 말고는 할 수 있는 게 없었다. 이후 몇 달 동안 이들과의 소통을 나 스스로 차단하기도 했다.

내가 할 수 있는 소심한 복수였고, 이런 중요한 때에 청와대를 나온 자괴감에 원망의 대상이 필요했던 것 같다.

급하게 잡힌 간담회 명칭은 당초 검토했던 '국민 검증 간담회' 대신 건조하게 '조국 후보자 기자 간담회'로 정해졌다. 나는 조 후보자에게 홍익표 당시 더불어민주당 수석 대변인더러 간담회 진행을 부탁하시라고 조언했다. 터무니없는 온갖 의혹에 관한 질문을 막무가내로 쏟아낼 기자들 앞에서 상황을 관리하기에는 홍 대변인이 적임자라고 판단했다. 그는 선뜻 간담회 진행을 맡아주었다.

간담회 장소는 국회 본청 246호실로 정해졌다. 더불어민주당 공보국에서 당 출입 언론사마다 한 장씩 비표를 배부했다. 당 출입 기자가 아니더라도 법조 출입 기자들에게는 참여가 허용되었다. 일부 언론사 기자들은 하나의 비표를 돌려가며 사용했고 밤이 되면서부터는 비표 없이 같은 언론사에서 여러 명이 들어와 질문하기도 했다.

간담회 시간은 '무제한'이었다. 방송사, 유튜브 라이브 등을 통해 생중계되는 현장에서 열한 시간 넘게 간담회가 진행되었다. 방송사들의 시청률 합계만 11.4%를 넘어설 정도로 큰 관심을 끌었다. 오후 3시 30분에 시작된 간담회는 다음 날 새벽 2시 16분에야 끝났다.

기자들의 질문 수준은 한심했다. 앞에서 다른 기자가 했던 질문과 비슷한 질문을 무한 반복했다. 조 후보자가 이미 조목조목 해명한 사안들을 묻고 또 물었다. 터무니없는 의혹들을 늘어놓은 후 국민들께 사과할 의향이 없느냐고 묻기도 했다. 자신들이 듣고 싶은 말이 나올 때까지 취조하듯이 집요하게 물고 늘어진다는 느낌이었다. 지켜보는 사람도 지치는데, 조 후보자는 시종일관 반듯한 자세를 유지하면서 성실하게 질문에 답했다.

열한 시간이 넘는 간담회를 지켜보던 누리꾼들은 기자들의 자질과 태도에 분노했다. 포털사이트 다음에서는 '근조 한국언론'과 '한국기자질문수준'이라는 실시간 검색어가 상위권에 올랐다. 이후에도 '한국언론사망', '정치검찰아웃', '법대로조국임명' 등의 문구들이 순위권에 올랐다. 검찰과 언론의 여론 몰이 탓에 조국 후보자를 비난하는 사람이 많았지만, 조 후보자를 응원하는 시민도 많았다.

## 검찰과 내통한 자유한국당

우여곡절 끝에 9월 6일 국회에서 인사청문회가 열렸다. 이미 예상했던 대로 자유한국당 의원들은 법무·검찰 개혁 등 정책 현안에 대한 질의보다는 후보자 개인에 대한 공세에 몰두했다. 나흘 전의 기자 간담회와 별반 다르지 않은 질의가 되풀이되었고, 조국 후보자는 이번에도 반듯한 자세를 유지하면서 조목조목 반박했다.

자유한국당 의원들의 저열한 인신공격 중 압권은 김진태였다. 김진태는 조국 후보자의 사노맹 관련 국가보안법 위반 전력을 끄집어내서 '사상 검증'을 벌였고, 조 후보자 딸의 출생 신고를 두고서는 얼토당토않게 시비를 걸더니 후보자의 가족 관계 증명서를 갈기갈기 찢어버리기도 했다. 조국 후보자는 애써 평온한 척했지만, 분노와 모멸감을 참는 기색이 역력했다. TV 화면으로 지켜보던 나도 분노가 치밀었다.

지루한 공방이 계속되던 이날 청문회 분위기가 바뀐 것은 저녁 8시가 지나면서부터였다. 저녁 8시 10분에 채널A가 최초로 〈검찰, 정경심 교수 기소〉라는 보도를 내보냈다. 나중에 알고 보니, 검찰이 사전에 특정 기자들에게 기소할 것임을 알리면서 "11시쯤 법원에 공소장을 보낼 텐데 발표는 12시 이후에 할 테니까 그 후에 보도하라"고 '엠바고'(시한부 보도 유예)를 걸었다는 것이다. 검찰이 사전에 엠바고를 걸고 언론에 기소 사실을 흘린 것도 모자라 청문회 종료 직후 시점에 일제히 보도되도록 기교를 부린 것 자체가 용납할 수 없는 정치 행위였다.

검찰이 정 교수를 기소한다는 보도가 나오자, 인사청문회장의 자유한국당 의원들은 번갈아가며 조국 후보자의 자진 사퇴를 압박했다. 공세를 시작한 것은 장제원이었다. "저녁 시간 동안 부인의 기소 임박이라는 기사 보셨어요? 방송에서 지금 계속 '기소 임박'이라는 기사가 뜨면서 기자들이 중

조국 그리고 민정수석실

앙지겸으로 모여들고 있다라는 얘기입니다. 이게 청문회가 필요한지 싶어요. 만약에 부인이 기소된다면 법무부 장관직을 수행할 수 있겠습니까?" 그는 부인이 기소되면 사퇴하겠느냐는 질문을 열 번이나 반복했다.

장제원 다음은 주광덕이었다. "배우자를 소환해서 조사하지 않더라도 일단 위조 행위 공소시효 만료가 오늘 밤 12시이기 때문에 검찰이 기소할 가능성이 저는 매우 높다고 봅니다. 지금 밤 10시인데 앞으로 두 시간 내로 이 표창장의 위조 행위에 대한 검찰의 기소 여부가 저는 결정되리라고 생각합니다."

국회 법제사법위원장이자 인사청문위원장인 여상규는 한술 더 떴다. 사퇴 의사 여부를 묻는 정도가 아니라 아예 대놓고 사퇴를 종용했다. "무엇보다도 처와 자녀 등 온 가족이 검찰 수사를 받고 있다는 말이에요. 앞으로 구속될지도 몰라요. 가정이 무너지고 있습니다. 그런데 장관이 무슨 의미가 있지요? 그런데도 그것 결정을 못 해요?" 청문회 의사 진행에 중립을 지켜야 할 위원장이 선을 넘어도 한참 넘었다.

심지어 여상규는 "지금 일부 언론 보도를 보면 후보자 처에 대해서 기소를 금방 할 것 같은 그런 보도가 나오고 있습니다. 그래서 아무래도 그 기소 여부가 결정될 시점인 12시 이전까지는 회의를 진행해봐야 하지 않을까 싶습니다"라고 말했다. 또 "아까 후보자께서 '부인이 기소되면 후보를 사퇴하겠느냐'라는 질문에 '그런 가정적인 조건으로 대답을 하기는 그렇다'라는 그런 답변을 했습니다. 그래서 기소가 되는지 여부가, 한 시간 내로 결정이 될 것 같으니까요"라고 했다.

결국 인사청문회가 끝날 무렵 서울중앙지검 특수2부가 정경심 교수를 사문서위조 혐의로 기소했다는 사실이 전해졌다. 누가 봐도 검찰과 자유한국당이 '찰떡 공조'로 조국 후보자의 자진 사퇴를 받아내려고 작정했던 청문회였다.

## "윤석열은 대선에 출마할 겁니다"

검찰은 조국 장관 후보자의 인사청문회가 열렸던 9월 6일 밤 11시경에 정경심 교수를 사문서위조 혐의로 기소했다. 후보자의 딸 조민 씨의 봉사 활동 표창장에 기재된 수여 일자인 2012년 9월 7일을 기준으로 사문서위조 공소시효인 7년이 끝나는 시점이었다. 검찰은 그때까지 정 교수를 직접 소환해 조사하지도 않았다. 이틀 전인 9월 4일 최성해 당시 동양대 총장에게서 "표창장을 결재한 적도, 준 적도 없다"는 진술을 확보한 것이 전부였다.

원칙적으로 '기소'는 검찰이 수사를 마무리하고 사건을 법원의 재판으로 넘기는 사법절차다. 기소 이후로는 '법원의 시간'이 되는 것이다. 따라서 일단 기소를 한 후에는 검찰을 포함한 수사기관의 압수수색이나 체포, 구속 등 강제수사가

조국 그리고 민정수석실

허용되지 않는다. 강제성이 없는 '임의 수사'만이 가능하다. 그러니 정경심 교수에 대한 전격적인 기소는 조국의 법무부 장관 임명 저지를 노린 정치 행위였다. 명백히 대통령의 인사권에 대한 정면 도전이었다.

김의겸 의원의 증언도 이를 뒷받침한다. 김 의원은 자신의 책 《김의겸의 단심》에서 "조국 가족이 검찰에 의해 한창 사냥을 당하고 있을 때다. 나는 검찰의 한 고위 간부를 만나 조국 사태가 일어난 까닭을 물어본 적이 있다. 그가 말했다. '오랫동안 준비한 수사죠'"라고 밝혔다. 검찰은 조국이 법무부 장관에 내정됐다는 첩보에 따라 상당 기간 법무부 장관 임명을 저지하기 위해 추악한 기획 수사를 해온 것이다. 수사의 명분을 찾기 위해 '사모펀드'를 언론에 대대적으로 흘렸고, 이를 기회로 수사에 돌입한 것이다. 검찰개혁을 저지하기 위한 더럽고 추악한 음모였다.

사모펀드 수사를 하던 검찰은 조국을 이 건으로는 실제 기소하기 어렵다고 생각한 순간 다급해졌을 것이다. 인사청문회가 종료되고 나면 대통령이 조국 후보자를 정식으로 임명하는 것이 가능해진다. 검찰은 민정수석으로 재직하면서 검찰개혁을 설계한 당사자가 법무부 장관으로 부임해서 검찰개혁을 실행에 옮기는 것을 어떻게든 막아야 했을 것이다. 결국 윤석열 검찰은 조국 후보자의 장관 임명을 막기 위해, 알맹이 없는 '빈 깡통' 공소장으로라도 정경심 교수를 기소하는 승부수를 던진 것이다. 실제로 정 교수에 대한 검찰의 최초 공소장은 표제 빼고 본문 내용이 A4 용지 반쪽 분량이었다. 게다가 그중 절반은 분량을 늘리기 위해 문제의 표창장 내용을 그대로 옮겨 적은 것이었다.

박상기 당시 법무부 장관도 2020년 7월 2일 뉴스타파와의 인터뷰에서 검찰의 의도를 이렇게 해석했다. "법무부 장관 낙마가 목표이기 때문에 인사청문회가 끝나기 전에 빨리빨리 해야 되는 거야, 이게. 인사청문회 끝나기 전에. 그래서 한 거예요."

그날 나는 국회에 있었다. 인사청문회준비단 소속이 아니니 따로 있을 수밖에 없었지만, 국회 내 다른 공간에서 하루 종일 청문회를 지켜보며 내가 할 수 있는 방법으로 최대한 지원했다. 그날 밤 청문회가 끝난 직후에 조국 후보자에게 말했다. "윤석열은 이미 선을 넘었습니다. 대권에 욕심이 있지 않고서는 저럴 수 없습니다. 아마 자유한국당 후보로 대선에 출마할 겁니다." 검찰이 그런 폭거를 저지르는 와중에도 조국 후보자는 반신반의했고 많은 사람이 "에이, 설마…"라고 했지만, 결과적으로 나의 불길한 예언은 적중했다.

윤석열은 검찰이 독점한 수사와 기소 권한을 악용해서 자신을 발탁한 문재인 정부를 향해 칼끝을 겨누었다. 그는 조국 장관과 후임자인 추미애 장관에게 노골적으로 항명을 일삼다가 2021년 3월 검찰총장직을 사퇴했다. 그해 6월 29일

조국 그리고 민정수석실

에 20대 대통령선거 출마를 선언했고, 한 달 뒤인 2021년 7월 30일 국민의힘에 입당했다.

## 다시 '수모를 견디는 힘'으로

2023년 봄 이재명 더불어민주당 대표는 부모님의 묘가 훼손되는 수모를 당했다. 당시 나는 비슷한 수모를 겪은 조국 수석이 떠올라 더 참담했다. 2022년 조 수석 자택에서 함께 차를 마시며 이야기를 하던 중 수사 과정에서 가장 화났을 때가 언제인지 물은 적이 있었다. 조 수석은 인사청문회 과정에서 있었던 일을 이야기했다.

다름 아닌 김진태 의원이 조국 수석 부친의 묘지석 사진을 공개했던 일이다. 당시 공개된 사진을 보면 묘를 밟지 않고는 찍을 수 없는 구도로 촬영되었다는 것을 쉽게 알 수 있었다. "이렇게 찍으려면 아버님 묘에 올라서지 않고는 불가능하지요?" 조국 수석은 담담하게 말했지만, 화가 사그라들지 않은 눈빛이었다. 조 수석은 그 당시를 떠올리며 격분했었다고 말했다. 돌아가신 아버님께 불효를 저질렀다고 괴로워했다.

부모의 묘를 훼손하는 것은 남은 가족에게 대놓고 수모와 치욕을 주는 행위나 다름없다. 조 수석과 이재명 대표에게 일어난 일 모두 사람으로서의 도리를 넘어선 것이다.

당시 SNS에 이에 관한 이야기를 올린 적이 있는데, 쓰고 지우기를 반복했다. 조 수석에게 그때의 기억을 떠올리게 하고 싶지 않아서였다. 하지만 우리가 반드시 기억해야 할 일이라고 여겨 결국 글을 남겼다. "지지자의 수준이 지도자의 수준이 아니길 바랍니다. 세상을 바꾸는 것은 저주의 정치도 무속 정치도 아닙니다. 이재명 대표님께 진심을 담아 위로의 말씀을 전합니다. 조 수석님도 지난 일로 더는 고통받지 않기를 바랍니다."

지금 우리는 '수모를 견디는 힘'으로 진실을 증명하는 힘이 필요한 통탄의 시절을 다시금 살고 있는 듯하다. 저주의 정치를 없앨 수는 없겠지만, 진영을 떠나 해도 되는 일과 절대 해서는 안 되는 것을 구분하는 최소한의 상식과 기본이 더욱 절실해진 시대임은 분명하다.

조국 그리고 민정수석실

# 제66대 법무부 장관

## 대통령의 결단과 윤석열의 저항

국회에서 인사청문회가 열리던 2019년 9월 6일, 대통령은 동남아 3개국 순방을 마치고 귀국했다. 귀국 직후 국가위기관리센터를 찾아 태풍 '링링' 대처 상황 점검 회의를 주재한 후 청와대에 돌아와 밤늦게까지 노영민 대통령 비서실장, 강기정 정무수석 등과 조국의 장관 임명 문제를 상의했다고 한다.

이튿날인 7일에는 이해찬 당시 더불어민주당 대표, 이인영 원내대표, 이낙연 총리, 노영민 비서실장 등과 상의했다. 이 자리에서 이해찬 대표는 임명 찬성 의견을 냈다고 2020년 9월 《시사IN》과의 인터뷰에서 밝혔다. "나는 지명해야 한다고 봤어요. 이인영 당시 원내대표도 같은 생각이었습니다. 이 지명이 검찰개혁 의지의 바로미터라고 봤습니다." 이낙연 총리는 반대했다고 밝혔다. "왜냐하면 조 전 장관이 너무 많은 상처를 이미 받고 있었고 대통령에게도 부담이 될 것 같아서"였다.

다음 날인 8일 오후 문재인 대통령은 윤건영 국정기획상 황실장에게 조 후보자의 임명과 지명 철회라는 두 가지 방안으로 각각 대국민 메시지를 작성하라고 지시했다. 마지막까지 고민이 계속되었다는 것이다. 그날 밤늦게 대통령은 임명을 강행하는 쪽으로 결정을 내렸다.

조국 후보자의 임명을 저지하기 위해 억지 수사를 벌였던 윤석열 검찰총장은 마지막 순간까지 청와대를 압박했다. 그가 9월 7일 조국 후보자의 후임이었던 김조원 민정수석에게 전화를 걸어 "조국을 임명하면 내가 사퇴할 수밖에 없습니다"라고 협박했다는 것이 여러 사람의 증언으로 확인되었다.

이해찬 대표는 앞서 언급한 《시사IN》과의 인터뷰에서 윤석열이 대통령과의 독대를 여러 차례 요구했었다고 밝혔다. 최강욱 당시 청와대 공직기강비서관에 따르면, 장관 임명 발표를 앞둔 주말에 윤 총장이 김조원 수석에게 전화해서 "이게 뭡니까? 내가 서른 군데나 압수수색을 했는데, 아직도 포기 못 하고 이런 식으로 나오면 내가 사표를 내겠습니다"라고 말했다고 한다.

김조원 수석에게서 이 말을 전해 들은 문재인 대통령은 격노했다고 한다. "그럼 사표 수리하세요." 그러나 정작 대통령의 의중을 전달받은 윤석열은 사표 운운은 진의가 아니었

조국 그리고 민정수석실

다며 얼버무렸다고 한다. 애당초 검찰총장직에서 물러날 뜻이 없으면서도 대통령을 압박하기 위해 '뻥카'를 친 것이었다. 윤석열은 그런 자였다.

"누구도 함부로 되돌릴 수 없는 검찰개혁을 완수하겠습니다"

9월 9일 문재인 대통령은 조국 후보자를 법무부 장관으로 임명했다. 문 대통령은 조국 장관에게 임명장을 수여한 뒤 대국민 메시지를 발표하며 임명을 강행한 이유를 밝혔다.

> 가족이 수사 대상이 되고 일부 기소까지 된 상황에서 장관으로 임명될 경우 엄정한 수사에 장애가 되거나 장관으로서 직무 수행에 어려움이 있지 않을까라는 염려가 많다는 것도 잘 알고 있습니다. … 그러나 검찰은 검찰이 해야 할 일을 하고, 장관은 장관이 해야 할 일을 해나간다면 그 역시 권력기관의 개혁과 민주주의의 발전을 분명하게 보여주는 일이 될 것입니다.

임명장을 받은 조국 장관은 과천에 있는 법무부 청사에서 취임식을 갖고 제66대 대한민국 법무부 장관으로 직무를 개시했다. 이 당시 그의 결의와 다짐을 생생하기 전하기 위해 취임사 중 일부를 발췌해서 소개한다.

오늘 제게 주어진 기회는 제가 만든 것이 아니라, 국민께서 잠시 허용한 것임을 잘 알고 있습니다. 제 허물과 책임, 짊어지고 가겠습니다. … 제가 법무부 장관으로 임명된 것은, 오랫동안 미완의 과제로 남아 있던 '법무·검찰개혁'을 마무리해야 한다는 뜻이라고 생각합니다. '법무·검찰 개혁'은 제가 학자로서, 지식인으로서 평생을 소망해왔던 일이고, 민정수석으로 성심을 다해 추진해왔던 과제이자, 이 시대가 요구하는 사명입니다. …

검찰 권력은 강한 힘을 가지고 있으면서도 제도적 통제장치를 가지고 있지 않습니다. 과거 강한 힘을 가진 권력기관들에 대해서, 민주화 이후 통제 장치가 마련되었고, 권력이 분산되었으나, 우리나라 검찰만은 많은 권한을 통제 장치 없이 보유하고 있습니다. 정치적으로 민주화된 사회에서 특정 권력이 너무 많은 권한을 갖고, 그 권한에 대한 통제 장치가 없다면 시민의 자유와 권리는 위험할 수밖에 없다는 것을 우리는 역사적 경험을 통해서 잘 알고 있습니다.

저는 누구도 함부로 되돌릴 수 없는 검찰개혁을 시민들, 전문가들 그리고 여러분과 함께 완수하겠습니다. 고위공직자범죄수사처 설치와 검·경 수사권 조정을 법제도로 완성하기 위해 관련 법안이 20대 국회에서 입법화될 수 있도록 적극적으로 지원하겠습니다. 또 법무부에서 시행령 개정 등, 법무부의 권한으로 할 수 있는 일을 찾아 견제와 균형의 원리에 입각한 검찰개혁을 신속하게 추진하겠습니다. … 누군가는 해야 하는 일이고, 지금 안 하면 언제 될지 모르는 일이어서, 제가 이 자리에 서게 된 것이라고 생각합니다. 저는 여러분 앞에서 약속드리고자 합니다. 법무부 장관, 오직 소명으로 일하겠습니다.

## 법무부 장관 자택을 압수수색한 검찰

조국 장관이 취임한 이후에도 검찰의 폭거는 계속되었다. 윤석열 검찰로서는 물러설 수 없었을 것이다. 이왕 쿠데타를 도발했으니 피를 보아야 했다. 조국 장관을 '검찰 사무의 최고 감독자' 자리에서 하루빨리 끌어내리는 것이 자신들의 유일한 살길이라고 생각했을 것이다.

9월 23일 서울중앙지방검찰청 특수2부는 서울 방배동에 있는 조국 법무부 장관 자택을 전격적으로 압수수색했다. 검찰이 직속 상급자인 법무부 장관의 자택을 압수수색한 것은 사상 초유의 일이다. 조 장관이 출근한 직후 오전 9시에 들이닥친 검찰은 오후 7시 55분까지 열한 시간 동안이나 압수수색을 벌였다. 가정집인 아파트를 압수수색하기에는 상식적으로 너무 긴 시간이다. 조 장관의 자택 앞에 진을 치고 있던 기자들이 중국집 배달부에게 어떤 음식을 시켜 먹었냐고 물었던 날이 바로 이날이었다.

출근 후에야 자택 압수수색 소식을 들은 조국 장관이 압수수색 현장에 있던 검사와의 통화에서 처가 몸이 좋지 않고 아들과 딸이 집에 있으니 신속하게 압수수색을 진행해달라고 당부한 것을 두고, 검찰은 '외압'이라며 수사를 벌이기도 했다. 법무부 장관이 압수수색 현장의 검사와 통화했으니, '직권남용권리행사방해' 혐의라는 것이었다. 검찰과 언론은 이것도 조국 장관의 '불공정 사례'라며 여론 몰이에 악용했다.

조국 장관은 이날 퇴근길에 "강제수사를 경험한 국민들의 심정을 절실하게 느끼고 있습니다. 저와 제 가족에게는 힘든 시간이지만 그래도 마음을 다잡고 검찰개혁, 법무부 혁신 등 법무부 장관으로서의 소임을 다하기 위해서 노력하겠습니다"라고 입장을 밝혔다.

이날의 압수수색은 조국 장관 가족에게 시련의 시작일 뿐이었다. 압수수색이 있은 지 한 달 후인 10월 24일 정경심 교수는 구속되었다. 이 가족의 앞날에는 '멸문지화滅門之禍'가 기다리고 있었다.

### "서초동 촛불을 믿고 견디셔야 합니다"

조국 수석이 법무부 장관으로 취임한 지 이주일 만에 압수수색이 시작됐다는 언론 보도를 본 날, 나는 안절부절못했다.

조국 그리고 민정수석실

전혀 예상하지 않았던 일은 아니었지만 그 시기가 너무 빨랐다. 윤석열 검찰다운 기습적인 압수수색, '드디어 올 것이 왔다'는 생각이 들었다.

수석이 장관으로 취임한 이후에는 전화 통화도 쉽지 않아, SNS 메신저를 주 소통 창구로 활용하고 있었다. 하지만 이날은 무엇 하나 묻기가 두려웠다. 괜찮으시냐는 한마디를 수십 번도 더 썼다가 지웠다. 정경심 교수가 실신했다는 보도를 보고 나서는 더욱 보낼 수 없었다. 걱정과 위로가 무슨 소용일까 싶었다. 그래도 조 수석을 비롯한 가족들 건강은 살펴야 해서 여쭤봤고, "정 교수 건강이 염려됩니다"라는 짧은 답을 받았다. 말할 수 없이 답답했다. 내가 할 수 있는 일이 없었기 때문이다.

머지않아 국민이 일어났다. 자택 압수수색 이후 '조국 수호' 촛불이 서초동을 밝혔다. 매일매일 거세게 타오른 국민의 촛불 앞에 검찰이 당황하기 시작했다. 그럴수록 '윤석열 검찰'은 먼지까지 털려고 했다. 하지만 사모펀드 기소도 어렵다는 소문이 돌았다. 그럴수록 현미경 수사는 집요하게 전개됐다. 압수수색 과정에서 딸 조민의 일기장을 검찰이 압수했다는 보도를 보며 나도 모르게 "윤석열이 미쳤구나"라는 말을 내뱉었다. 사춘기 소녀의 내밀한 감정까지 짓밟아보겠다는 비열한 수사가 시작되고 있음을 직감했다.

그럴수록 서초동 촛불은 더 밝아졌다. 집회에 참여하는

시민의 숫자가 날이 갈수록 폭발적으로 늘어나기 시작했다. 한 가족을 멸문지화하고 있는 검찰의 행태가 두려웠지만, 시민들은 국정농단 대통령 박근혜 탄핵의 촛불을 잊지 않고 있었다. 공포와 두려움을 이겨내고 '조국 수호'를 위한 촛불을 들었다. 그리고 이 촛불은 한 개인을 위한 불빛이 아닌 조국 가족을 난도질함으로써 검찰개혁의 씨를 말려버리려는 검찰의 폭주를 막기 위한 것이었다고 평가한다.

주말이면 지방에서 올라온 시민들까지 수만, 수십만의 촛불이 켜졌다. 나의 전주 지인들도 지금 서초동인데 어디냐고 묻는 전화를 많이 했다. 내가 가장 놀랐던 것은 친구끼리 삼삼오오, 가족끼리, 혹은 혈혈단신으로 서초동에 와서 촛불을 드는 사람들이었다. 민주당 깃발 아래도 아니고, 시민단체 깃발 아래도 아닌, 검찰개혁의 희생양이 된 조국을 지키려는 한 명 한 명의 마음에 가슴이 아팠다. 조 수석도 마찬가지였다. 그는 사퇴 후에도 만날 때마다 서초동 촛불 시민이 보내온 용기 덕분에 버틸 수 있었다고 이야기했다.

서초동 촛불 집회가 열리는 토요일이면 조국 장관은 나에게 메시지를 보내왔다. 늘 같은 말을 했다. "고맙습니다", "감사합니다", "미안합니다". 시민들에게 직접 할 수 없는 말을 전해왔고, 나도 항상 같은 답장을 보냈다. "끝까지 견디셔야 합니다."

막상 나는 촛불 집회에 꼬박꼬박 참가하지 못했다. 우리 가족이 현장 사진을 매번 보내줬고, 난 촛불 집회를 먼발치에서 지켜보다 돌아오곤 했다. 당시 야당에서는 촛불 집회 배후 세력이 있다는 의혹을 제기하고 있었다. 민주당 당직자, 수석의 보좌관 출신인 나까지 어려움을 보태지 않아야 했고, 촛불 시민의 뜻과 마음에 피해가 가면 안 된다고 생각해 조심했다.

시간이 지나 서초동 촛불 민심이 잦아들기는커녕 갈수록 커지자 검찰이 연일 국회의 '친검 의원'들에게 SOS를 치고 있다는 소문이 들려왔다. 기필코 조국을 끌어내려야 한다는 '치킨 게임'이 시작됐다. 점차 검찰 대 촛불 시민의 대결 구도가 되어갔고, 시민이 압도할 것이라는 예상도 나왔지만 조국 장관은 늘 고민했다. 이에 더해 대통령의 국정 지지도가 떨어졌다는 여론조사 결과가 나올 때는 그의 고민이 더욱 깊어졌다. "대통령님 지지율이 떨어졌어요. 아무래도 저 때문인 것 같습니다", "문재인 정부가 해나가야 할 일들이 많은데, 제가 걸림돌이 되는 것 같습니다".

자신으로 인해 벌어진 모든 상황이 대통령과 국정운영에 부담만 주고 있다고 매번 걱정했지만, 나는 항상 같은 대답을 할 수밖에 없었다. "그래도 버티셔야 합니다. 수석님께서 지금 할 수 있는 일은 물러서지 않는 것입니다." 검찰의 악랄함과 무서움을 국민이 꾸짖고 나섰는데, 버티지 못하면 팽팽해진 균형추가 무너져버린다고 이야기하며 수석의 마음을 일으키고 일으켰다. 나는 연말까지 버텨야 한다고 매일 같이 이야기했다.

## 검찰이 바라는 '공소권 없음'

2019년 가을은 참으로 잔인했다. 당시 서초동에는 '조국이 결심하면 다 정리된다'는 말이 떠돌았다. 처음에는 이 말이 '검찰 혐의를 인정하라는 말인가?'라고 단순하게 생각했지만, 그럴 수 없고 그래서도 안 된다고 생각했다. 나중에 알았지만 나에게 이 말을 전해준 사람들은 조국의 '안위'를 걱정해서 한 말이었다. 그 뜻은 지금 생각해도 두렵기 그지없다.

조국 수사가 진행될수록 검찰 수사의 명분이 됐던 사모펀드는 사라지고 온 가족을 도륙하는 치졸한 수사 결과만이 도출되었다. 과거 관행처럼 행해진 조국 자녀들의 인턴 활동은 이명박 정부 당시 교육부가 권장한 사안이었다. 인턴 시간 역시 과거의 관행처럼 기록될 뿐이었다. 자소서 한 줄 한 줄을 검증하여 기소하고, 인턴 시간도 분 단위까지 검증해서 기소했다. 그러나 영부인이 된 김건희의 허위 이력은 "잘 보이고 싶어 경력을 부풀렸다"는 한마디로 뭉갰고 기소조차 되지 않았다.

과거 국가보안법 사건을 제외하고 부부를 구속 기소한 사례는 찾아보기 힘들다. 더구나 자녀들까지 볼모로 삼아 수사를 이끌어가는 것은 검찰에게도 상당한 부담이었을 것이다. 검찰은 2018년 5월 이명박 대통령 사건 수사 당시 김윤옥 여사가 소환 조사는 물론이고 서면조사에도 응하지 않았지

조국 그리고 민정수석실

만 불기소 처분했다. 이명박의 아들 이시영은 차일피일 시간을 끌다 불기소 처분했다. 조국 가족이 끝까지 검찰의 주장을 인정하지 않고 법정투쟁을 이어가자 검찰은 자신이 없을뿐더러 도덕적 비난도 감수하기 어려웠을 것이다.

이들이 원한 것은 사실이 밝혀지는 것이 아니라 피의자인 조국의 부재로 더는 사실을 밝힐 수 없는 '공소권 없음'인지도 모른다. '공소권 없음'은 여러 사정으로 수사기관이 재판을 청구하지 않는 경우를 말한다. 대략 열 가지 경우가 있는데 그중에 피의자에 대해 재판권이 없는 경우, 즉 피의자가 사망하거나 존속하지 않는 경우에 해당한다. 결국 검찰이 원한 것은 '공소권 없음'이었다. 검찰은 상상 이상으로 잔인했다.

어느 날 청와대에 있는 후배에게서 지라시에 조국 투신설이 떴는데, 조국 장관과 연락이 되느냐고 급한 연락이 왔다. 나는 그날 오전에도 조국 장관과 소통을 해서 그럴 일은 없을 것이라고 했지만 뛰는 가슴을 진정할 수 없었다. 문자, 전화 등을 해봤지만 연락이 되지 않았다. 연락이 되기까지 휴대전화를 손에 들고 전전긍긍하고 있었다. 두 시간쯤 지난 뒤 조국 장관에게서 연락이 왔다. 나도 모르게 목소리가 높아졌다. "지라시에 수석님 신변이상설이 떠서 다들 걱정하고 있었습니다"라고 말했다. 조국 장관은 그럴 일은 없으니 걱정 말라며 너털웃음을 터트렸다.

만약 2019년 9~10월 서초동의 촛불이 없었다면 지금 조국은 우리 곁에 없을지도 모른다. 조국과 그 가족은 온 힘을 다해 비난과 온갖 수모를 견디며 살아남았다.

2023년 9월 정경심 교수가 어렵게 가석방되었다. 나를 비롯한 많은 사람이 정 교수의 악화된 건강에 형집행정지가 시급하다고 이야기했다. 2023년 봄에 이미 형기의 67%를 복역한 가석방 대상자였지만, 결국 6개월도 훨씬 지난 가을에 가석방된 것이다. 형기에 포함되지 않는, 치료를 위한 인도적 차원의 처분도 무지르는 윤석열 정부의 잔인함은 결코 잊지 않을 것이다.

### "'불쏘시개' 역할은 여기까지입니다"

2019년 10월 14일 월요일 오전 조국 장관은 법무부 청사 브리핑룸에서 두 번째 검찰개혁 추진 상황을 발표했다. 일주일 전인 10월 8일에는 법무·검찰개혁위원회와 대검찰청의 자체 개혁 방안을 검토해서 직접수사 축소, 수사 관행 개혁, 검찰에 대한 감찰 확대 등 제1차 검찰개혁 방안을 발표했다.

그러던 중 10월 14일 법무부에 있던 후배에게서 전화가 왔다. 검찰개혁 브리핑을 마친 후 조국 장관이 큰 결심을 한 것 같은데 아는 것이 있냐고 물었다. 잘 모른다고 했지만 나는 장관직 사퇴를 결심했구나 생각했다. 조국 장관이 죽을힘을 다해 버티고 있었다는 것을 누구보다도 잘 알고 있었다.

조국 그리고 민정수석실

발표 세 시간 후인 그날 오후, 조국 장관은 법무부 장관직에서 스스로 물러났다. 모든 것을 잃고 만신창이가 되면서 맡았던 장관직에 고작 35일 동안 재직한 셈이다. 대통령과 정부에 정치적 부담을 덜어주고 상처 없는 후임 장관이 검찰개혁을 추진할 수 있도록 하겠다는 결단이었다. 사실 얼마 전부터 조국 장관은 직을 내려놓을 결심을 하고 있었다. 나는 조국 장관이 검찰개혁 방안을 발표하고 난 후에야 사퇴 소식을 전해 들었다.

어려운 상황에 직면해 있던 조국에게 청와대는 법무부 장관으로 할 수 있는 것만 하라는 임무를 부여했었다. '법'은 국회에 맡기자는 것이다. 그렇게 법무부 장관 조국은 시행령으로 할 수 있는 일을 최대한 신속하게 처리하는 데 매진했다. 이 또한 쉽지 않았다. 법무부에 윤석열의 심복들이 많았기 때문이다. 법무부 장관으로 할 수 있는 일은 더디고 저항이 많았다. 법무부 인사를 통해 이를 해결할 수도 있었지만, 조국의 장관 취임 전에 이미 인사가 마무리돼 쉽지 않았고, 조국도 본인의 업무 추진을 위해 그런 무리수를 두는 사람도 아니었다.

당시 민주당 내에서도 '조국'에 대한 부담을 갖기 시작했다. 나에게 '이제 그만둬야 하는 거 아니냐'고 넌지시 말하는 사람들도 있었다. 민주당 의원들은 다음 총선에 미칠 영향을 두려워했다. 조국이 버티면 버틸수록 중도층이 민주당에 대한 지지를 철회해 총선에 참패할 것이라는 예측이 팽배했다. 조국은 본인으로 인해 대통령의 국정 지지율이 하락하고, 민주당이 총선에서 패배해 문재인 정부의 국정 동력이 상실될 것을 늘 걱정했다. 그는 멸문지화 와중에도 대통령에 대한 걱정으로 전전긍긍했다.

나는 당연히 사퇴하시면 안 된다고 말렸다. 장관직 사퇴는 검찰 수사의 끝이 아니라 시작이다, 법무부 장관으로서 시행령 등 일부 개혁이 있었지만 미진하다, 불과 35일 동안 장관을 하기 위해 겪은 고통이 너무 크다, 윤석열 검찰은 이제 그 누구도 두려워하지 않을 것이다, 촛불 시민들이 버티는 이유는 조국의 진심을 믿고 검찰개혁을 하라는 것인데 윤석열 검찰에 밀려 내려오는 것은 안 될 일이다, 마지막으로 윤석열이 저렇게 건재한데 장관직을 사퇴한다면 윤석열은 득의양양하여 통제권 밖으로 완전히 벗어나 괴물이 될 것이다 등의 이유를 들어 반대했다.

하지만 조국 장관의 답은 "이미 정해졌다. 내가 할 수 있는 일은 더 이상 없다. 이제 가족을 돌보겠다. 고마웠다"였다. 나는 그날 이동 중에 연락을 받고, 차에서 내려 한참 동안 서 있었다. 참을 수 없는 분노가 치밀었다. 아무도 들어주지 않을 욕을 허공에 뱉었다.

조국은 법무부 장관에 취임할 때부터 임기를 다 마치지 못할 것을 예상하고 있었다. 그래서 더욱 서둘러 검찰개혁에

조국 그리고 민정수석실

대한 자신의 임무를 해내기 위해 노력했다. "제가 충분한 시간을 가지고 장관직을 수행하기 어려울 것이라고 생각합니다. 그래서 모든 일을 서둘러야 합니다." 언제든 사퇴하게 될 수 있다는 생각을 조국은 항상 하고 있었다.

윤석열의 횡포로 고난을 겪고 있는 상황에서도, 그 짧은 기간 조국 장관은 검찰개혁에 남은 기력을 다 쏟았다. 취임 첫날에는 검찰개혁 실무를 담당할 '검찰개혁 추진지원단'을 구성했고, 며칠 후에는 '제2기 법무·검찰개혁위원회'를 구성했다. 법무·검찰개혁위원회는 검찰의 직접수사를 축소하고 형사·공판부를 확대하는 권고안을 마련했고, 형사부 검사 파견을 최소화하고 검찰에 대한 법무부의 감찰권을 강화하는 방안도 제안했다.

조국 장관은 국회 동의 없이 대통령령과 법무부령 제·개정을 통해 할 수 있는 제도 변화에도 힘썼다. 재임 마지막 날에도 검찰 직접수사 부서인 특수부를 서울·대구·광주 3곳만 남기고 나머지 4곳은 폐지하는 내용의 '검찰청 사무기구에 관한 규정'(대통령령)을 다음 날로 예정된 국무회의에 상정했다.

심야 조사와 부당한 별건 수사 등 검찰의 잘못된 수사 관행으로 지목돼온 행위도 법무부령인 '인권보호수사규칙'을 제정해 바꾸기로 했다. 검찰공무원의 비위가 발생하면 법무부 장관에게 의무적으로 보고하고 검찰에 대한 법무부의 1차 감찰권을 확대하도록 법무부 훈령도 개정하기로 했다.

조국 장관은 퇴임사에서 자신이 검찰개혁을 필생의 사
명으로 여겨왔다고 밝혔다.

검찰개혁은 학자와 지식인으로서 제 필생의 사명이었
고, 오랫동안 고민하고 추구해왔던 목표였습니다. '견제
와 균형의 원리에 기초한 수사 구조 개혁', '인권을 존중
하는 절제된 검찰권 행사' 등은 오랜 소신이었습니다.
　검찰개혁을 위해 문재인 정부 첫 민정수석으로서 또
법무부 장관으로서 지난 2년 반 전력 질주해왔고, 제가
할 수 있는 최선을 다했습니다.

스스로를 '검찰개혁을 위한 불쏘시개'라며, 이제 그 쓰임
이 다하였으니 한 명의 시민으로 돌아가 가족을 챙기겠다고
했다.

저는 검찰개혁을 위한 '불쏘시개'에 불과합니다. '불쏘시
개' 역할은 여기까지입니다. …
　온 가족이 만신창이가 되어 개인적으로 매우 힘들고
무척 고통스러웠습니다. 그렇지만 검찰개혁을 응원하는
수많은 시민의 뜻과 마음 때문에 버틸 수 있었습니다.
　이제 모든 것을 내려놓고, 인생에서 가장 힘들고 고통
스러운 시간을 보내고 있는 가족들 곁에 있으면서 위로

하고 챙기고자 합니다. 저보다 더 다치고 상처 입은 가족들을 더 이상 알아서 각자 견디라고 할 수는 없는 상황이 되었습니다.

특히 원래 건강이 몹시 나쁜 아내는 하루하루를 아슬아슬하게 지탱하고 있습니다. 인생에서 가장 힘들고 고통스러운 시간을 보내고 있는 가족 곁에 지금 함께 있어 주지 못한다면 평생 후회할 것 같습니다. 가족들이 자포자기하지 않도록, 그저 곁에서 가족의 온기로 이 고통을 함께 감내하는 것이 자연인으로서의 도리라고 생각합니다.


장관직 사퇴 이후 조국 수석은 더욱 고립되었다. 평소 친분이 있던 사람 중 대부분이 전화를 받지 않거나 거리를 두었고, 민정수석실에서 함께 일했던 보좌진은 여전히 청와대에 소속된 공무원 신분이었기에 조국 수석을 곁에서 챙길 사람은 나밖에 없었다. 나는 다시 보좌관 아닌 보좌관이 되었다.

장관 사퇴 후 조국 수석은 과하다 싶을 정도로 운동을 열심히 했다. "제가 건강을 지키고 있어야 가족을 지킬 수 있죠. 머리도 맑아집니다." 몸이 상할 정도로 운동을 하면 안 된다는 나의 타박에 돌아온 수석의 대답이었다. 몸이 아프지 않아야 정신도 무뎌지지 않는다는 말이었다. 매일 아침 등산을 하고 PT를 하는 등 운동을 지독하게 했다. 얼굴 살이 너무 빠져 나이 들어보인다고 타박해도 소용없었다. 조국은 살기 위해,

아니 견디기 위해 스스로 할 수 있는 채찍질을 했다.

　옆에서 지켜보는 조국은 참 단단한 사람이다. 그 모진 시련을 견디면서도 힘든 내색을 하지 않는다. 때로는 답답할 정도다. 나는 가끔 술자리를 빌려 조국 수석에게 '이 모든 일이 그가 '지나치게 반듯해서 벌어진 것'이라고 푸념한다. 그때도 지금도 견뎌준, 견디고 있는 조국 수석에게 고마울 뿐이다.

조국 그리고 민정수석실

# 실체 없었던 '조국 펀드'

## 떠들썩하게 시작된 '권력형 비리' 수사

〈국회 재산 신고 56억한 조국…사모펀드에 74억 출자 약정〉 2019년 8월 15일 자 《중앙일보》에 실린 기사다. 《중앙일보》 뿐만이 아니었다. 당시 거의 모든 언론에 비슷한 제목의 기사가 대서특필되었다. 그 전날인 8월 14일 청와대가 국회에 조국 법무부 장관 후보자에 대한 '인사청문요청안'을 보내면서 첨부한 재산 신고 서류 내용이 언론에 유출되면서 논란이 시작되었다.

기사 제목만 보면 조국 후보자는 서민들은 듣도 보도 못한 '사모펀드'에 투자한 재테크의 달인이며 공직자 재산 신고를 허위로 한 나쁜 사람이다. 명망 있는 진보적 지식인이었던 조국은 하루아침에 '추악한 위선자'로 몰렸다.

조국 후보자가 지명된 이후 며칠 동안 야당과 언론은 고작 조국 후보자의 '사노맹 전력'이나 이미 여러 차례 검증이 끝난 논문 등을 시비 걸고 있었다. 그나마 약간 말이 되는 시빗거리는 "청와대 민정수석이 법무부 장관이 되면 검찰의 독립성이 훼손된다" 정도였다. 그런 그들에게 '사모펀드에 수십억을 투자하고 재산을 은닉한 위선자 조국'은 훌륭한 먹잇감일 수밖에 없었다.

여론 재판이 시작되었다. 야당과 언론의 선동에 휘말린 대중은 분노했다. 타오르기 시작한 분노 앞에 '진실'은 무기력했다. '사모펀드'(Private Equity Fund: PEF)가 '공모펀드'와 구별되는 개념으로 본래 소수의 투자자를 비공개로 모아 투자하는 펀드이며 불법이 아니라는 사실, 약정 액수는 실제 투자 액수와 전혀 무관하다는 사실 등은 무시되었다.

'조국 후보자의 부인 정경심 교수가 사모펀드의 실제 소유주', '사모펀드가 조국의 대선 자금' 등 온갖 유언비어가 아무런 사실 확인도 없이 버젓이 신문의 1면과 방송 뉴스의 첫 꼭지로 올랐다. 법무부 장관 후보자 조국은 그렇게 광장의 단두대로 끌려 나왔다.

윤석열 검찰은 논란이 확산하는 것을 가장 반겼다. 그들로서는 이보다 좋은 '건수'가 없었다. 검찰은 자신들이 독점하고 있는 수사권과 기소권을 악용해서 '권력형 비리'를 조작해냈다. 권력형 비리는 '여론의 급소'다. '코링크PE'라는 수상쩍

조국 그리고 민정수석실

은 이름이 나오고 난데없이 가로등 업체까지 등장하면서 영락없는 권력형 비리가 '만들어'졌다. 게다가 조 후보자 자녀들의 '입시 비리'도 제기되었다. 사실 그 당시에는 권력형 비리 사모펀드가 '메인'이었고 입시 문제는 '양념'이었다.

논란이 충분히 무르익자 검찰은 수십 곳을 대상으로 기습적인 압수수색을 벌였다. '조국 사태'가 시작된 것이다. 윤석열은 나중에 국회 국정감사장에서 "이 수사는 내 승인과 결심으로 시작했다"고 공언했다.

당시 주변의 금융 전문가들에게 물어보니 사모펀드는 불법이 아니라고 했다. 그래서 나는 다만 정경심 교수가 혹시 조범동에게 사기를 당한 건 아닌지 걱정되었다. 그러나 언론에 그런 이야기는 단 한 줄도 나오지 않았다. 몇몇 전문가에게 나서달라고 부탁했지만 다들 고개를 저으며 검찰이 무섭다고 했다. 이미 여론 재판에 의해 조국은 유죄가 되어버린 상태였다.

## 실체 없는 '조국 펀드' 의혹

2019년 8월 27일의 대대적인 압수수색을 시작으로 조국 후보자와 가족에 대한 강제수사가 시작되었다. 윤석열은 애당초 이 사건을 '권력형 비리'로 만들기 위해 서울중앙지검 특수2부에 재배당했다.

이어 '검찰발 기사'로 온갖 의혹들이 쏟아져나왔다. 정경심 교수가 사모펀드 운영 회사의 실질적 소유주라는 의혹, 펀드가 투자한 업체가 관급 공사를 수주하는 과정에 조국의 영향력을 행사했을 것이라는 의혹, 심지어 이 펀드가 조국의 대선 자금 마련용이라는 의혹까지.

이른바 '사모펀드 의혹'은 2019년 '조국 사태'의 발단이었다. 검찰은 대대적인 압수수색을 벌이면서 호들갑을 떨었지만, 정작 이런 의혹들은 조국 전 장관이나 정경심 교수의 공소 사실에조차 포함되지 못했다. 사모펀드와 관련해서는 '거짓 변경 보고' 혐의만을 기소했을 뿐이다. 그나마 약간 그럴듯하다고 검찰이 기소했던 혐의들도 재판 과정에서 대부분 무죄판결을 받았다.

정경심 교수가 조국 전 장관의 5촌 조카 조범동 씨와 짜고 허위 컨설팅 계약을 맺어 사모펀드 운영 회사의 돈 1억 5,000만 원을 횡령했다는 혐의는 무죄가 선고됐다. 펀드 출자 약정 금액을 금융위원회에 허위로 신고했다는 혐의도 무죄였다. 정경심 교수가 조범동 씨와 공모 관계가 없다는 것이 법원의 판단이었다. 조범동 씨의 1·2심 재판부는 "권력자 가족이 권력을 이용해 불법으로 재산을 증식하는 등 정치권력과 검은 유착을 한 권력형 범행이라는 것이 확인되지 않는다"고 판결했다. 즉 권력형 비리는 애당초 존재하지 않았다.

말 그대로 '태산명동서일필泰山鳴動鼠一匹'(큰 산이 울리고 흔들

렸는데 나온 것은 고작 쥐 한 마리라는 뜻)이었다. 이처럼 윤석열 검찰과 언론이 '권력형 비리'라고 떠들던 '조국 펀드'는 실체가 없었다.

## 조국 수사의 피해자들

조국 가족에 대한 '사냥'이 시작된 이후 가족을 제외하고 첫 번째 타깃은 김경록 PB(Private Banker, 자산 관리인)였다. 나는 김경록 PB를 개인적으로 알지는 못한다. 정경심 교수의 자산 관리인이었던 김경록 씨는 동양대에 있던 정경심 교수의 PC를 가져와서 보관했다는 이유로 증거 은닉 혐의로 징역 8월에 집행유예 2년을 선고받았다.

'사모펀드는 조국의 대선 자금을 만들기 위한 권력형 비리'라는 윤석열 검찰의 프레임에 따라 언론은 정경심 교수의 자산 형성 과정과 펀드에 관한 기사를 쏟아냈다. 언론 대부분이 검찰이 흘려준 떡밥을 덥석 물었다.

정경심 교수가 이러한 언론 보도에 제대로 대응하기 위해서는 자산 관리를 해왔던 김경록 씨의 도움이 절대적으로 필요했다. 2019년 8월 인사청문회를 준비하기 위해 여러 자료가 필요했던 정경심 교수의 요청에 따라 김경록 씨는 당시 조국 장관 후보자의 집에 드나들었다. 밖에 나갈 수조차 없는 이 가족의 피폐한 삶을 보게 된 김경록 씨는 도움을 줄 수밖에 없는 상황이었을 것이다.

　정 교수로서는 오랜 기억만으로 검찰과 언론에 대항하기가 힘들어져 자료 확보를 위해 동양대에 있는 오래된 PC가 필요했다. 남편인 조국 장관 주변인들과 보좌진은 청문회 준비에 여념이 없었다. 조국 본인 역시 가족의 일을 보좌진 등 누구에게 부탁할 사람이 아니었다. 이를 잘 아는 정경심 교수가 유일하게 도움을 청할 사람은 김경록 씨뿐이었다.

　김경록 씨는 정경심 교수 혼자서 동양대에 가게 되면 혹시라도 무슨 일이 있을지 몰라 불안한 마음에 동행했고, 이것이 결국 불행의 시작이 되었다. 만약 그때 정경심 교수의 건강 상태가 양호했다면, 그리고 언론의 집요한 스토킹으로 인해 가족의 이동이 제약받지 않았다면, 김경록 씨는 사건에 휘말리지 않았을 것이다. 증거인멸, 증거 은닉이라는 혐의를 받지 않았을 것이다.

　김경록 씨는 동양대 PC를 가져오려는 정경심 교수를 도와주고 그 PC를 보관했다는 이유로 한 달 동안 약 백오십 시간 검찰 조사를 받았다. 검찰로서는 사냥감을 포획할 수 있는 좋은 소재였을 것이다. 검찰 조사를 받다 보면 추측이나 가정에 따른 답을 하도록 강요받는 경우가 있고, 답을 하지 않으면 구속될 수 있을 거라는 묵시적 협박 또는 위압감을 느낄 수밖에 없다.

　더욱이 김경록 씨는 검찰이 증거인멸 공범으로 언제든

영장을 청구할 수 있다는 말을 변호인에게 흘렸을 테니 구속에 대한 불안감이 무척 컸을 것으로 짐작된다. 실제 없었던 일을 가정과 추측으로 대답하게 만드는 검찰의 심문 기법에 말려 사실보다 추측과 가정에 따른 답도 많이 했을 것으로 추측된다. 게다가 검찰은 범의를 입증하기 어려워지자 본인들이 언론에 정보를 제공해 보도된 기사를 증거로 제출하는 일까지 벌였다. 재판부는 이런 것들까지 유죄 증거로 채택했다.

고객을 위해 최선을 다하는 자산 관리인이었던 김경록 씨는 고난에 처한 고객을 돕다가 범법자가 되어버렸다. 검찰의 오랜 수사와 2년여에 걸친 재판 끝에 그에게 남은 것은 오랫동안 몸담았던 직장에서의 해고와 전과 기록이었다. 선한 의도가 본인의 불행이 될 줄은 상상도 못 했을 것이다. 그런데도 그는 조국 가족을 원망하지 않는다. 그가 조민 씨의 인터뷰를 보고 뿌듯해하며 SNS에 쓴 글을 읽은 적이 있다.

그는 조국 가족에게 닥친 불행을 못 본 척하지 않고 도우려 했던 '선한 사마리아인'이다. 비록 사법부가 그의 '증거 은닉죄'를 인정하고 실형을 선고했지만, 나는 그를 믿고 있다. 우리가 함께 기억해야 할 선의의 피해자라고 생각한다. 김경록 씨의 책 《그렇게 피의자가 된다》가 그것을 증명하고 있다.

조국 수사의 또 다른 피해자, 노환중 교수. 그는 아끼는 제자가 학업을 중도에 포기할까 봐 준 장학금이 갑자기 뇌물로 둔갑해 뇌물 공여자가 되었다. 재판부는 뇌물은 무죄지만 청탁금지법 위반으로 노환중 교수에게 징역 6월에 집행유예 1년을 선고했다. 이 사건은 애초부터 말이 안 되는 기소였다. 검찰이 조국을 잡기 위해 무슨 짓이든 할 수 있다는 것을 보여준 사건이다. 노환중 교수한테 뇌물이었다는 말을 끌어내기 위해 검찰은 할 수 있는 모든 짓을 했고 압박하고 회유했다.

노환중 교수의 변호인은 최후 변론에서 "피고인석에 앉아야 할 사람은 노환중 교수가 아닙니다. 이 사건의 본질은 검사라는 완장을 차고 검찰 권력을 사유화하고, 수사 기록을 조작, 날조하고 법과 검찰권을 흉기처럼 사유화하여 … 실체 없는 이 사건을 사전에 '보험성 특혜에서 뇌물로 변질'이라는 구도를 설계하고, 사건 조작, 날조를 기획하고 지휘한 윗선 검사를 포함하여 사건 조작에 관여한 모든 검사가 피고인석에 앉아야 마땅합니다"라고 변호했다. 노환중 교수의 변호인은 부산 출신, 판사 출신 변호사로, 문재인 정부에 매우 비판적인 보수 성향이라는 평가를 받는 인물이었다. 이런 보수 성향의 변호인이 이토록 격정적으로 변론을 했을 만큼 검찰은 도를 넘어섰다.

선량한 시민이자 학생을 지도했던 교수에게 뇌물 공여 범이라는 오명을 씌우려 한 검찰의 파렴치한 기소였다. 특히 이 장학금은 모친의 장례식에 부의한 부의금으로 이뤄진 장학금으로 노환중 교수의 부친을 기리는 성격의 장학금이었다. 노환중 교수에 대한 기소는 돌아가신 부친의 명예까지 훼손시킨 일이었다.

　조국 수석을 비롯해 이들은 자소서 한 줄, 가족 카톡 대화, 장학금까지 수사하는 검찰의 무자비한 사냥의 피해자, 검찰에게 저항하지 말라는 보복성 기소의 피해자가 되었다. 윤석열 검찰의 무도한 행태는 역사에서 반드시 심판받아야 한다. 만일 이 사건의 검찰 수사가 정당했다면 법조인 자녀들의 장학금에 대해 전수조사를 해야 맞다.


## 억지 공소 검찰, 받아쓰기 언론


당초 정경심 교수에게 제기되었던 사모펀드 관련 혐의 대부분이 무죄로 판명되었지만 검찰과 언론은 부끄러워하지도, 반성하지도 않는다. 오히려 자신들의 과오를 인정하지 않으려고 엉뚱한 것을 갖다 붙이는 술수를 부린다.

　2021년 8월 11일 추미애 전 법무부 장관이 자신의 SNS를 통해 "정경심 교수가 사모펀드 관련 건에 대해 모두 무죄를 받았다"는 글을 올렸다. 이튿날인 8월 12일 한동훈은 "항소심 판결문과 설명 자료에는 유죄판결이 난 미공개 정보 이용, 금융실명법 위반, 범죄 수익 은닉 범죄 등에 대해 '코링크 사모펀드 관련'이라고 명시돼 있다"며 추 전 장관을 반박하고 나섰다.

　그런데 한동훈이 유죄판결 혐의로 언급한 미공개 정보

이용, 금융실명법 위반, 범죄 수익 은닉 범죄 등은 엄밀히 말하면 사모펀드와 전혀 무관한 것들이다. 검찰이 억지로 공소장에 '사모펀드 관련 범행'으로 분류해 써넣었을 뿐이다.

판결문을 자세히 읽어보면 1심과 2심 재판부 모두 이 혐의들을 '사모펀드 관련 혐의'로 보지 않았다. 재판부는 판결문에서 대체로 검찰이 쓴 공소장의 혐의 이름과 분류를 준용했지만, 유독 이 '미공개 정보 이용'과 '업무상 횡령' 등은 공소장과 달리 '코링크PE 관련 범행'이라고 고쳤다. 즉 재판부는 '미공개 정보 이용'과 '업무상 횡령' 등이 검찰의 공소장과 달리 '사모펀드 관련'이 아니라고 명확히 규정했던 것이다.

그러나 언론 대부분은 한동훈의 허위 주장을 그대로 받아썼다. 이뿐만 아니라 유죄가 확정되어 실형을 선고받은 조범동의 이름 앞에 꼬박꼬박 '조국의 5촌 조카'를 붙여 제목으로 뽑아 조국 가족과의 연관성을 암시하려 했다. 예컨대 이런 식이다. '조국 일가 첫 대법 판결, 5촌 조카 징역 4년 확정'. 2019년에 검찰과 한편이 되어 여론을 호도했던 자신들의 과오를 인정하기 싫은 것이다. '법원도 사모펀드가 유죄라고 판결했다'라고 우기고 싶은 것이다.

조국 그리고 민정수석실

# 법원의 판결이 곧 진실은 아니다

### 최성해 총장의 가짜 박사 학위

실체 없는 '사모펀드'에 매달렸던 윤석열 검찰이 들고나온 것은 '표창장'이었다. 이른바 '표창장 사건'은 2019년 9월 3일 검찰의 동양대 압수수색으로 시작되었다. 검찰이 동양대 총무팀과 정경심 교수 연구실을 압수수색한 그날 저녁, KBS가 〈조국 딸, 어머니 재직 대학서 총장상 받아…동양대 압수수색〉이라는 제목의 단독 보도를 했다.

　　다음 날인 9월 4일 새벽 《중앙일보》의 〈조국 딸 받은 '동양대 총장상'…총장은 "준 적 없다"〉라는 단독 보도가 이어졌다. 당시 동양대학교 총장이었던 최성해가 《중앙일보》와의 통화에서 "나는 이런 표창장을 결재한 적도 없고 준 적도 없다"라고 주장했다는 것이었다. 검찰이 언론을 통해 피의사실을 '홍보'해서 여론을 악화시키고 이를 빌미로 수사를 확대하는 전형적인 수법이었다. 물론 '검찰의 피의사실 공표'를 지적하는 언론은 없었다.

9월 4일 《조선일보》도 단독 기사를 냈다. 〈조국 아내, 동양대에 "딸 표창장 정상발급됐다고 해달라" 압력…'허위 총장상' 숨기기 의혹〉이라는 기사였다. "정경심 교수가 (최성해에게) 딸의 의전원 입학이 취소될 수도 있으니 총장 표창장 발급이 정상적으로 이뤄졌다는 반박을 해달라고 요구했다"는 내용이었다. 이 기사에는 "증거인멸을 시도한 만큼 강제수사 전환은 불가피하다"는 익명의 '법조계 인사'의 언급도 있다. 이제 강제수사의 명분도 만들어졌다. 검찰은 정경심 교수를 피의자로 전환했다고 발표했다.

9월 4일 오후에는 최성해가 서울중앙지검에서 다음 날 새벽까지 조사받았다. 그리고 5일 밤 다시 《연합뉴스》와의 인터뷰를 통해 "정경심 교수와 통화하던 중에 조국 후보자가 전화를 바꿔 나에게 거짓 증언을 종용했다"고 주장했다.

9월 6일 열린 조국 후보자 인사청문회에서 자유한국당 의원들은 이런 최성해의 주장을 활용해 집중적인 공세를 벌였다. 장제원 의원은 "최성해 총장이 녹음 파일을 갖고 있다"며 목소리를 높였다. 그러나 장제원 의원이 주장한 녹음 파일은 존재하지 않았다. 최성해는 여러 언론과의 인터뷰에서 녹음 파일의 존재에 대해 계속 오락가락 말을 바꾸다가 나중에

조국 그리고 민정수석실

법정에서야 녹음 파일이 존재하지 않는다고 밝혔다.

　김도읍 의원은 최성해에게서 전달받은 문자메시지를 공개했다. 그러나 그가 공개한 문자메시지의 내용은 "그대로 대응해주실 것을 부탁드렸는데", "실제로 많은 일을 부서장 전결로 처리하고 있는 것이 사실이지 않습니까"라는 내용이었다. 거짓 증언을 해달라는 부탁이 아니라 사실대로 밝혀달라는 요청이었다.

　이후에도 최성해는 언론과 접촉해서 조민의 표창장이 위조됐다는 취지의 주장을 되풀이했고, 언론은 그의 일방적인 주장을 받아써 의혹을 기정사실로 만들어버렸다. 최성해의 주장이 허위라는 반박들이 잇따랐지만, MBC와 TBS 등 몇몇 언론을 제외하고는 이런 반박을 제대로 보도하지 않았다.

　최성해는 표창장이 위조됐다는 근거로 조민이 받은 표창장의 일련번호가 동양대의 일련번호 부여 방식과 다르고, 상장 대장에 기록이 없다는 점을 들었다. 그는 "총장인 내가 모르는 상장은 있을 수 없다"고 큰소리쳤다.

　그러나 2012년 당시 동양대 조교로 근무했던 사람이 2019년 9월 6일 TBS 〈김어준의 뉴스공장〉에 출연해 "상장, 수료증 등의 일련번호는 학과나 부서에서 자체적으로 매기고, 부서별로 발행했기 때문에 상장 대장에 기록하지도 않았다"고 밝혔다. 동양대에서 팀장으로 근무했던 사람도 "각 부서별로 상장 등을 발행했을 뿐 총무과에서 일련번호를 받

으라거나 대장에 기록하라고 한 사실이 전혀 없다"고 증언
했다.

이후 동양대 재학생들과 졸업생들이 잇따라 자신이 받
았던 상장을 공개했다. 제각기 다른 형식의 일련번호가 적힌
상장들이 등장했다.

동양대에서 발급해온 상장과 수료증 발급 승인은 대부
분 부총장이 전결로 처리했으며, 직인은 총장도 부총장도 아
닌 실무 조교들이 찍었다는 사실이 MBC 취재 결과 확인되기
도 했다. 이렇듯 표창장이 가짜라는 최성해의 주장은 관계자
들의 증언과 언론 취재에 의해 대부분 사실이 아닌 것으로 판
명되었다.

최성해는 정상적인 동양대 표창장은 맨 아래의 수여자
명의에 "동양대학교 총장 교육학 박사 최성해"라고 적혀 있
어야 한다고 주장하기도 했다. 그러나 '교육학 박사'가 빠진
수료증과 상장들이 다수 발견되면서 이 주장 역시 허위로 밝
혀졌다. 아이러니하게도 최성해가 그토록 자랑스러워해 각
종 증서를 수여할 때 꼭 넣었다던 '교육학 박사 학위'가 오히
려 허위로 밝혀졌고, 이로 인해 그는 총장 자리를 잃었다. 말
끝마다 '교육자적 양심'을 들먹거렸던 최성해는 지금 어디에
서 무엇을 하고 있는지 몹시 궁금하다.

그러나 윤석열 검찰은 최성해의 주장에만 의존해 조국
후보자의 인사청문회가 있던 9월 6일 밤 정경심 교수를 기소

했다. 공소시효에 쫓겨 엉터리 기소를 자행한 검찰은 나중에 슬그머니 공소장을 바꾸기까지 했다.

## 검찰을 구원해준 SBS의 허위 보도

청문회가 있던 9월 6일 밤 윤석열 검찰이 정경심 교수를 기소하고, 검찰의 기소 방침을 미리 전해 들은 자유한국당 의원들이 집요하게 조국 후보자에게 사퇴를 압박한 것은 누가 봐도 '짜고 치는 고스톱'이었다. 검찰의 목적은 분명해보였다. 검찰개혁을 추진하려는 법무부 장관 후보자의 임명을 저지하려는 의도적인 도발이라는 비판이 거세졌다.

여론의 역풍으로 궁지에 몰린 검찰을 구원해준 것은 〈윤석열과 나팔수들〉에서도 언급한 SBS의 단독 보도였다. 이튿날인 9월 7일 저녁 뉴스에서 SBS는 〈조국 아내 연구실 PC에서 '총장 직인 파일' 발견〉이라고 보도했다.

검찰의 주장을 뒷받침하는 물증이 나왔다는 취지의 이 보도는 조국 후보자와 정경심 교수에게 치명적이었다. 다음 날 하루 동안 '총장 직인 파일' 관련 기사가 87건이나 쏟아졌다. 여론은 순식간에 반전되었다. 검찰의 행태에 비판적이었던 시민들도 '그러면 그렇지. 검찰이 아무 근거 없이 기소했겠어'라는 생각을 하게 된 것이다. 결국 이 보도로 인해 검찰은 '정당성'을 얻게 된 것이었다.

그러나 이 SBS의 보도가 허위였다는 것은 이듬해인 2020년 4월 8일에 열린 재판에서 검사 스스로 실토했다. 검찰 측 증인으로 출석한 동양대 직원을 심문하는 과정에서 검사가 이렇게 물은 것이다. "사실은 이 (SBS) 보도 내용과는 다르게 이 PC에는 총장 직인 발견된 건 아니었는데, 증인은 보도 내용 진위는 알 수 없었지요?"

2020년 6월 22일 방송통신심의위원회(방심위)는 SBS 오보에 대해 법정 제재인 '주의' 처분을 내렸다. 야당 추천 위원을 포함한 방심위원 대다수는 '명백한 객관성 위반'이라고 판정했다. 이 중 김재영 위원은 SBS의 오보로 인해 '조국 사태'가 촉발되었다고 개탄하기도 했다. 그러나 당사자인 SBS는 제대로 된 반성도 사과도 없다.

이 '총장 직인 파일'은 정경심 교수를 유죄로 몰아간 가장 직접적인 증거였다. 파일이 발견되기 열흘 전에 SBS가 파일의 존재를 보도했던 것을 비롯해 쟁점이 한두 가지가 아니었다. 그러나 검찰발 기사를 받아쓰는 데에 몰두했던 언론은 이런 사실에 아무 관심이 없었다.

검찰이 청문회가 진행되는 상황에서 정경심 교수를 조사도 하지 않고 기소한 것은 오로지 조국 법무부 장관 후보자를 낙마시키기 위한 것이었다. 또한 사퇴하지 않을 경우에 대비해 대통령의 임명 전까지 정 교수를 확실한 인질로 잡아두려는 계산이었을 것이다. 검찰이 큰소리쳤던 사모펀드 수사는 망신 주기 외에는 기소하기 어렵다는 판단이 이미 있었던 것으로 보인다. 따라서 사모펀드 수사를 통한 권력형 비리에서 가족 인질극으로 조국 사냥의 방향을 바꾼 것이다. 검찰의 무리수는 갈수록 심해졌다.

## 언젠가 햇빛 아래 드러날 진실

2022년 1월 27일, 대법원은 정경심 교수에게 유죄를 선고했다. 문제가 많은 동양대 PC의 증거능력을 인정했고, 최성해의 진술이 신빙성이 있다고 판단했다. 상식적으로 납득할 수 없는 판결에 분노가 치밀었다.

이 사건으로 조국 수석과 가족은 모든 것을 잃었다. 정경심 교수는 꼬박 3년 1개월 동안 옥고를 치렀다. 학자로서의 정체성을 무엇보다 소중히 여기고, 공직 생활을 마친 후 교수직으로 돌아가기 위해 선출 공직 출마를 끝내 고사했던 조국 수석은 서울대학교 교수직에서 해임되었다. 아픈 사람들을 돕고 싶었던 조민은 의사 면허를 잃고 '고졸' 학력이 되었다. 참고로 부산대 입학전형공정관리위원회는 자체 조사 후, "동양대 표창장은 당락에 영향을 끼치지 않았다"고 밝혔다.

법원의 판결이 곧 진실은 아니다. 비록 법원에서 유죄판결을 받았지만, 나중에 무고함이 밝혀진 사례들은 동서고금을 통틀어 수없이 많다. 조국 수석과 그 가족의 무고함도 언젠가는 반드시 밝혀질 것이다. 진실이 햇빛 아래 드러나는 날, 정치적 야욕을 품고 선량한 이들에게 올가미를 씌웠던 자들과 그 방조자들은 역사의 심판을 받을 것이다. 그날을 위해, 나는 끝까지 함께 싸울 것이다.

# 최악의 성탄절 선물

## 조국 전 장관에 대한 구속영장 청구

윤석열 검찰은 2019년 12월 23일 조국 전 장관에 대한 구속 영장을 청구했다. 조국 수석이 법무부 장관에서 물러난 지 49일 만이었다. 청와대 민정수석비서관 재직 당시에 유재수 의 비위 내용을 알고도 감찰 중단을 결정했다는 '직권남용 권 리행사방해' 혐의였다. 전 청와대 특감반원 김태우가 주장했 던, '유재수 사건' 혹은 '감찰 무마' 사건이다.

그러나 앞에서도 살펴보았듯이 법령상 수사권이 없는 민정수석실 특감반은 비위 의혹 당사자가 거부하면 더 이상 조사와 감찰을 진행할 권한이 없다. 그래서 조국 수석은 백원 우 민정비서관에게 유재수의 소속 기관인 금융위원회에 통 보해 사표를 받으라고 지시했던 것이다. 그러나 금융위원회는 징계성 사표 요구가 아닌 국회 전문위원 취업을 위한 사표로 받는 꼼수로 유재수를 비호했다. 정작 유재수를 감쌌던 것은 금융위원회였다.

이것이 사건의 진실이다. 그런데도 조국 수석이 구속 위기에까지 몰린 데에는 김태우의 허위 폭로와 박형철 전 반부패비서관의 증언이 결정적이었다. 검사 출신인 박형철은 당시에 자신의 상급자였던 조국 민정수석이 주변에서 전화가 너무 많이 온다면서 유재수에 대한 감찰을 중단하도록 지시했다고 주장했다. 박형철 전 비서관은 특감반에 수사 권한이 없다는 것을 누구보다 잘 알면서도 본인이 살기 위해 의리를 저버리고 모든 책임을 회피했다. 그러나 결국 조국 수석과 함께 기소되어 재판받는 처지가 되었다. 나는 조국 사태를 지켜보며 인간 본성에 대한 회의를 느꼈다.

12월 26일 구속 전 피의자 구속영장실질심사(구속 전 피의자 심문)가 있었다. 애당초 무도한 억지 수사였으니 구속영장이 기각될 것이라고 확신했지만 만일에 대비해야 했다. 부인 정경심 교수는 이미 10월 23일에 구속되어 수감 중이었다. 터무니없는 혐의로 현직 법무부 장관의 부인에게 구속영장을 발부했던 법원을 믿을 수 없었다.

조국 수석에게 전화를 걸었다. 당연히 영장이 기각되겠지만 혹시 모르니 가족을 챙기고 변호사, 언론, 면회 등도 준비는 해두어야 할 것 같다고 말했다. 조국 수석은 만일 그런 일이 생기면 가족을 챙겨달라고 했다. 나는 기각되면 소주나 한잔하자고 대꾸했다.

영장실질심사는 12월 26일 오전 10시 서울동부지방법원에서 열렸다. 조국 수석은 법원 앞에서 대기하고 있던 취재진에게 "첫 강제수사 후 122일째다. 그동안 가족 전체를 대상으로 하는 검찰의 끝 없는 전방위적 수사를 견디고 견뎠다. 혹독한 시간이었다"라며 "검찰의 영장청구 내용에 동의하지 못한다. 법정에서 판사님께 소상히 말씀드릴 예정이다. 철저한 법리에 기초한 판단이 있을 것이라고 희망하고 그렇게 믿는다"고 밝히고 법정 안으로 들어갔다.

## 무참했던 '조국 무사 귀환 축하주'

나는 조국 수석과 약속한 대로 12월 26일 자택으로 향했다. 수석 못지않게 가슴 졸이고 있을 가족들이 많이 걱정됐다. 부탁을 잘 하지 않는 수석이 가족을 챙겨달라고 한 당부가 나를 더 불안하게 했다.

조국 수석은 네 시간 넘게 영장실질심사를 받은 후 오후에 동부구치소에 입감된 상태로 판사의 결정을 기다렸다. 나는 민정수석실에서 함께 근무했던 동료와 함께 조국 수석의 자택에서 기다리기로 했다. 당시 조국 수석의 집은 방배동에 있는 아파트였다. 2년 가까이 조국 수석의 보좌관으로 일했으면서도 자택 방문은 처음이었다. 그것도 집주인이 구치소에 있는 상태에서. 하지만 혹시 모를 구속에 대비는 해야 했다.

현관문 앞에서 초인종을 누르지 못하고 한참 망설였다. 이런 상황에서 집안에 들어가는 것이 민폐가 되지 않을까 염려돼서였다. 문을 열어준 사람은 조 수석의 아들이었다. 이어서 딸이 나와 인사했다. 조국 수석의 모친께서도 부산에서 올라와 함께 계셨다. 뵐 면목이 없었다. 거실 소파에 앉으라는 모친의 권유를 사양하고 주방 식탁에 앉았다. 집안 가구들은 낡았지만 깔끔했다. 검소하고 단정한 집주인의 성품이 느껴졌다.

집안을 둘러보다가 현관문 안쪽에 붙어있는 메모 한 장을 발견했다. 그 메모에는 나를 비롯한 10여 명의 연락처가 적혀 있었다. 조국 수석은 그렇게 혼자서 만일을 대비하고 있었다. 가슴이 먹먹했다. 조국 수석의 모친과 딸, 아들은 각자의 방으로 들어갔고 우리는 식탁에 앉아 휴대전화로 뉴스 속보를 검색하면서 기다렸다. 주방 벽시계의 초침 소리가 선명하게 들릴 정도로 적막했다. 자정이 됐는데도 영장 발부 여부는 여전히 오리무중이었다. 날짜가 바뀌어 27일 0시 50분경에야 영장 기각 소식이 전해졌다. 가슴을 쓸어내렸다.

잠시 후 조국 수석이 변호사와 함께 집안에 들어섰다. 인사를 나눈 후 가족들은 방으로 들어가고 내가 사 갔던 술로 조국 수석과 '무사 귀환 축하주'를 마셨다. 별걸 다 축하해야

246    

하는 현실이 무참했지만, 그가 탈 없이 돌아와서 일단 기뻤다. 조국 수석과 두 시간쯤 술을 마셨다. 술이 약한 내가 먼저 취기가 올랐던 탓에 술자리 후반에는 무슨 얘기가 오갔는지 기억나지 않는다. 취하지 않을 수 없는 날이었다. 이제 겨우 한 고비를 넘었을 뿐인데….

## 수석 자택에서 보낸 민정수석실 명절

정경심 교수가 구속되고 나서 찾아온 설 명절. 나는 민정수석 실에서 같이 근무했던 동료들에게 '파발'을 돌렸다. 조국 수석 혼자 명절을 맞을 것이 분명하니 명절 연휴에 수석 집에 모이자고 제안했다. 다들 흔쾌히 동의했다. 서울에서 명절을 지내는 사람은 연휴 첫날, 지방에 다녀오는 사람은 연휴 마지막 날 수석에게 찾아가기로 했다.

밖에서 만나는 것이 번거롭지는 않았다. 하지만 당시 조국 수석은 외출도 자유롭지 않았고, 아직 청와대에서 일하고 있는 동료들도 있어서 자택에서 만날 수밖에 없었다. 수석 집에 모일 때 각자 먹을 것을 챙겨오기로 했다. 나름대로 명절 분위기를 만들어드리기로 한 것이다. 명절을 맞아 오랜만에 얼굴을 보는 시끌벅적함까지는 아니어도 혼자 집에 있을 조국 수석의 쓸쓸함을 조금이라도 덜어주고 싶었다.

민정수석실 동료들은 음식을 사오기보다는 각자 집에서

정성스럽게 만든 부침개 등 '집밥' 음식을 가지고 나타났다. 조국 수석의 집에는 시민들이 조국을 응원하는 마음을 담아 보낸 이런저런 먹을거리들도 많았다. 혼자서 그걸 다 먹을 수도, 먹을 기분도 아니니 조 수석도 우리의 방문을 맞아 먹을거리를 내놓았다. 그러자 그럴싸한 한 상이 되었다. 이때부터 시작된 민정수석실의 조국 자택 명절 방문은 계속 이어졌지만, 정권 재창출에 실패한 이후 조수석의 요청으로 우리의 방문은 더 이상 이뤄지지 않았다. 이런 상황에서 자신까지 부담을 주고 싶지 않다고 했다.

2022년 추석, 그래도 나는 수석의 집에 와인 한 병을 사들고 찾아갔다. 그날은 주로 나의 고민을 이야기했다. 조 수석도 나의 진로를 같이 걱정해주고 있던 때였다. 다시 정치를 시작해야 하는 책임감과 다시 돌아가고 싶지 않은 자괴감을 모두 가지고 있었던 나에게 조 수석은 단호하게 결론을 내려줬다. "출마하는 게 좋겠습니다. 할 수 있는 일을 해야 할 때지, 언제까지 분노하고 괴로워만 하겠습니까. 황 국장이 잘할 수 있는 일을 하세요. 부딪치세요."

조국 그리고 민정수석실

# 검·언 유착이 만든 윤석열의 승리

### 검찰 권력에 대한 민주적 통제가 '추·윤 갈등'?

2020년 11월 24일 추미애 당시 법무부 장관이 서울고등검찰청에 있는 법조 출입 기자실에서 긴급 브리핑을 갖고 "검찰 사무에 관한 최고 감독자인 법무부 장관으로서 검찰총장이 검찰총장으로서의 직무를 수행하는 것이 더 이상 용납될 수 없다고 판단하여, 금일 검찰총장에 대하여 징계를 청구하고, 검찰총장의 직무 집행 정지를 명령하였다"고 발표했다. 추 장관은 이어 "법무부가 검찰총장에 대한 여러 비위 혐의에 대해 직접 감찰을 진행했고, 그 결과 심각하고 중대한 비위 혐의를 다수 확인했다"고 밝혔다.

윤석열의 징계 사유는 다섯 가지였다. '언론사 사주와의 부적절한 접촉'과 '조국 전 장관 사건 등 주요 사건 재판부에 대한 불법 사찰', '채널A 사건 및 한명숙 전 총리 사건 관련해 측근을 비호하기 위한 감찰 방해 및 수사 방해', '언론과의 감찰 관련 정보 거래', '총장 대면 조사 과정에서 협조 의무 위반 및 감찰 방해', '정치적 중립에 관한 검찰총장으로서의 위엄과 신망이 심각히 손상' 등이다. 추 장관은 "이번 징계 청구 혐의에 포함되지는 않았지만 다른 비위 혐의들에 대하여도 계속하여 엄정하게 진상 확인을 진행할 예정"이라고 설명했다.

2020년 12월 15일에 열린 검사징계위원회는 윤석열에 대해 정직 2개월의 징계를 의결했고 다음 날인 12월 16일 대통령은 이를 재가했다. 윤석열은 즉시 법원에 징계처분 효력집행정지 신청을 냈다. 12월 24일 서울행정법원은 윤석열의 신청을 받아들여 징계처분의 집행을 정지하라고 결정했다. 윤석열은 8일 만에 업무에 복귀했다. 법원이 결정한 것은 '징계가 부당하니 취소하라'는 것이 아니라 '징계의 집행을 정지하라'는 것일 뿐이었다. 그러나 대부분의 언론이 가처분 신청 인용을 '윤석열의 승리'로 보도했다.

언론은 윤석열의 폭주와 상급자인 법무부 장관에 대한 노골적인 항명, 이에 대한 감찰과 징계에 이르는 과정을 두고 '추·윤 갈등'이라고 썼다. 의도적인 왜곡이었다. 법무부 장관은 '검찰 사무의 최고 감독자'로서 검찰총장의 직상급자이다. 수사권과 기소권을 독점하고 있는 검찰에 대한 민주적 통제가 법무부 장관의 임무다. 항명과 이에 대한 징계를 '갈등'이

조국 그리고 민정수석실

라는 프레임으로 왜곡했던 언론은 검찰 쿠데타의 부역자들
이다.

정치 검찰과 부역 언론이 합작해서 프레임을 바꾸고 본
질을 왜곡해서 오히려 '역공'을 가하는 사례는 차고 넘친다.
울산 김기현 형제의 비리 의혹은 '하명 수사 사건'으로 왜곡되
었고, 김학의 사건의 경우 별장 성 접대 의혹과 노골적인 봐
주기 수사가 본질인데 '불법 출국 금지 사건'으로 둔갑해버렸
다. 채널A와 한동훈의 검·언 유착은 더불어민주당과 MBC의
정·언 유착으로 뒤바뀌어 기자와 국회의원이 압수수색을 당
했다.

## 건드리면 어김없이 당해야 하는 친인척 압수수색

윤석열이 원고인 '징계처분 취소소송'에 대한 판결은 이듬해
10월 14일에 나왔다. 서울행정법원은 원고인 윤석열의 청구
를 기각했다. 재판 과정에서 윤석열은 "기피 신청을 받은 징
계위원이 의결 절차에서 퇴장한 뒤 남은 3명의 징계위원만으
로 이뤄진 기피 신청에 관한 의결은 의사정족수(재적위원 7명
중 과반수 출석)에 미달했기 때문에 무효"라고 주장했다.

하지만 법원은 "기피신청만으로 기피신청을 받은 징계위
원이 기피 의결을 위한 의사정족수 산정의 기초가 되는 출석
위원에서 제외된다고 할 수 없고, 설령 기피신청을 받은 징계

위원이 그 의결 과정에서 일시적으로 퇴장했더라도 의사정족수 산정의 기초가 되는 출석위원에서 제외되지 않는다. 기피신청 당시 재적위원 7명의 과반수인 5명 또는 4명의 징계위원이 출석해 그 중 기피신청을 받은 징계위원을 제외한 나머지 3명의 징계위원이 기각 의결한 것은 적법하다"고 밝혔다.

법원은 윤석열이 인정할 수 없다고 주장한 징계 사유 중 검사로서의 정치적 중립성을 훼손시켰다는 것 외에 대검 수사정보정책관실의 주요 사건 재판부 사찰 의혹 문건 작성·배포, 채널A 사건 관련 감찰·수사 방해 등 3가지 사유는 인정된다고 판단했다. 법원은 해임 사유에 해당하는 중대한 비위 행위에 비추어 정직 2개월의 징계는 너무 가볍다고 했다. 그러나 윤석열은 이미 7개월 전에 스스로 사임한 상태였다.

2020년 윤석열 징계 당시 법무부 감찰담당관으로 재직하면서 징계에 관여했던 박은정 검사(현 광주지검 부장검사)는 현재 공무상 비밀을 누설하고, 개인정보보호법을 위반했다는 혐의로 기소되었다. 법무부 감찰위원회에 채널A 사건 연루 의혹을 받던 한동훈의 감찰 자료를 불법으로 제공했다는 혐의다. 검찰은 박은정 검사를 수사한다며 박 검사의 친정집에 들이닥쳐 압수수색을 벌이기까지 했다. 박 검사의 70대 노부모는 검사와 수사관들 앞에서 두려움에 떨어야 했다. 압수수색은 증거를 확보하기 위한 것이다. 노부모가 살고 있는 친정집에 무슨 증거가 있겠는가. 야비하고 잔인한 자들이다.

2021년 10월 징계처분 취소소송에서 패소한 윤석열은 곧바로 항소하여 2년 넘게 재판이 진행 중이다. 그동안 원고 윤석열은 대통령이 됐다. 피고인 법무부 장관은 윤석열의 심복 한동훈이었다. 둘 사이의 사적인 관계를 고려하지 않더라도, 법무부 장관은 대통령의 지휘·감독을 받는다. 게다가 채널A 사건 감찰 방해가 윤석열의 징계 사유 중 하나인데, 한동훈 본인이 채널A 사건(검·언 유착 의혹)의 당사자이기도 하다. 여러모로 해괴한 재판이 되어버렸다.

2022년 5월 한동훈은 자신의 인사청문회에서 김용민 의원의 질의에 이렇게 답했다. "그 징계 자체가 대단히 부당한 것이라는 판단은 이미 사회적으로 내려 있다고 저는 생각합니다. … 제가 취임하게 되면 저는 이 부분에 대해서는 관여하지 않을 생각입니다."

관여하지 않겠다던 한동훈은 법무부 장관으로 취임한 뒤 1심에서 징계가 정당하다는 승소 판결을 이끌어낸 법률대리인단 3명을 전원 교체했다. 법무부와 사전 협의 없이 일방적 주장이 적힌 서면을 재판부에 냈다는 이유였다. 해임 통보는 카카오톡 문자메시지로 보냈다. 법률대리인 중 한 명이 국가의 의사 표시를 문서로 하지 않고 카톡으로 하는 것은 부적절하니 정식으로 문서로 해달라고 요구하고 나서야 우편으로 해임을 통보했다. 새로 선임된 소송대리인은 '정부법무공단' 소속 변호사들이다. 정부법무공단은 대통령이 이사장을 임명하는 정부 산하기관이다.

항소심 재판부는 2022년 11월 24일 법무부에 '석명준비명령'을 내렸다. 재판부가 소송 당사자에게 특정 내용에 대한 설명 자료 제출을 요구할 때 내리는 명령이다. 그런데 법무부쪽 대리인인 정부법무공단은 '소송절차 진행에 관한 의견서'만 제출했다. 석명준비명령에 대해 절차에 관한 의견을 내는 경우는 매우 이례적인 일이라고 한다.

반면에 원고인 윤석열은 준비서면을 비롯해 대검찰청 등 각 기관에 사실조회신청서를 보내는 등 적극적으로 재판에 임하고 있다. 윤석열은 여러 명의 증인을 신청했는데, 법무부는 단 한 명의 증인도 신청하지 않았다. 한동훈이 장관인 법무부가 재판에서 지려고 작정하지 않은 이상 있을 수 없는 일이었다.

오죽하면 박은정 부장검사가 자신의 SNS를 통해 "저를 증인으로 불러달라"고 자청하고 나섰다. 박 부장검사는 "원고 윤석열, 피고 한동훈 법무부의 재판에서 벌어지는 일들이 점입가경"이라며 "패소할 의도가 아니라면 당시 법무부 감찰담당관이자 주임검사였던 저를 증인으로 불러달라"고 했다. 박 부장검사는 "'짜고 치는 고스톱'이라는 비판에도 개선된 부분이 전혀 없어 보인다. 이는 전형적인 반법치적 행태"라며

"이게 재판이냐. 이쯤 되면 국민 보기 부끄럽지 않으냐"고 질타했다.

윤석열 징계처분 취소소송 항소심은 한동훈 법무부 장관 임명으로 윤석열과 법무부의 '약속 대련'이 됐다. 져주기로 맘먹은 약속 대련은 계획대로 법무부의 패소로 끝났다. 이번 판결은 1, 2심의 결과가 다르고 사실관계에서 다툴 점이 많다. 법관 출신으로 대검 감찰부장을 했던 한동수 변호사는 "마땅히 상고하여 최종심인 대법원의 판결을 받았어야 한다"고 SNS를 통해 밝혔다. 동일한 쟁점에 대해 1심의 판단과 2심의 판단이 다르고, 검사징계법상 문언의 취지 및 체계에 부합하는지 살펴야 하는 법률문제 등이 있어 당연히 상고했어야 한다고 주장했다.

원고와 피고가 한편이라는 의구심을 가진 항소심 재판에서 법무부가 의도적으로 졌다고 많은 사람이 평가하고 있다. 결국 법무부는 찜찜한 패배를 기정사실화하기 위해 위험 부담이 있는 상고를 포기했다. 이제 윤석열 징계처분의 진실을 법정에서 밝힐 기회는 사라졌다. 하지만 역사의 법정이 아직 남아 있다. 진실은 밝혀진다.

# 통한의 0.7%, 눈 떠보니 후진국

### 윤석열의 대선 출마

윤석열은 2021년 6월 29일 대선 출마를 공식 선언했다. 출마 선언의 키워드는 '상식', '법치', '공정', '정의'였다. 이 소중한 가치들을 파괴하는 데 앞장서 온 인물이 그런 출마 선언을 하는 것을 지켜보는 게 너무 서글펐다. 윤석열의 징계처분 취소소송에서 법원은 그가 "검찰 사무의 적법성과 공정성을 해하는 중대한 비위"를 저질렀다고 판결했다. 법원은 그의 비위 행위가 면직 이상의 중징계도 가능하다고 밝혔다. 징계를 회피할 목적으로 사임한 공무원이 대통령이 되겠다고 나선 것 자체가 아이러니였다.

대선 과정 내내 윤석열의 오만과 무지가 적나라하게 드러났다. 2021년 10월 19일에는 "전두환 대통령이 군사 쿠데타와 5·18만 빼면, 잘못한 부분도 있지만 그야말로 정치를 잘했다고 말하는 분들이 많다"는 망언으로 전두환 독재 정권을 미화했다. 분노한 시민들이 사과를 요구하자 "진의를 왜곡한 비판"이라고 우기다가 이틀이 지나서야 마지못해 "유감"을 표했다. 사과가 아닌 유감 표명으로 더욱 격렬한 비판이 쏟아진 뒤에는 SNS에 "송구하다"는 글을 올렸다. 그리고 나서 그날 저녁에는 SNS에 개에게 사과를 주는 사진을 올렸다. 국민을 개·돼지로 여기지 않고서야 도저히 할 수 없는 언행이 계속되었다. 국민의힘 내부 경선 토론회에는 손바닥에 '임금 왕王' 자를 쓰고 나왔다가 "이웃 아주머니가 응원하려고 써준 것"이라고 둘러댔다.

## 폭주하는 검찰 정권, 퇴행하는 대한민국

2022년 3월 9일 대한민국 제20대 대통령선거가 치러졌다. 개표가 진행되던 그날 밤을 뜬눈으로 지샜다. 초반에는 이재명 후보가 앞서갔다. 그런데 초반 5%의 차이가 점점 좁혀지더니, 새벽 2시경 역전되었다. 그 뒤로 한 번도 뒤집지 못했다. 결국 24만 표, 0.73%p 차이로 윤석열 후보는 대한민국 제20대 대통령에 당선되었다. 헌정사상 최소 득표수 차였다. 말그대로 '박빙 승부'였고 '통한의 패배'였다. 만감이 교차했다. 2019년 이른바 '조국 사태'를 거치는 동안 직간접으로 목격한 윤석열 일당의 행태를 생각하니, 이들이 권력을 휘두를 대한 민국의 앞날이 참으로 암담했다.

이후 두 달 동안 윤석열 당선자의 인수위가 활동했던 기간에 화제는 단연 '청와대 이전'이었다. 지금 돌이켜보니 대통령의 집무 공간을 용산으로 이전한다면서 그들이 보여준 모습은 장차 윤석열 정부 출범 이후 전개될 본편의 예고편이었다. 옮겨지는 청와대나 옮겨질 장소인 국방부 쪽이나 전혀 준비가 안 되었는데도, 윤석열은 기어이 옮겨야겠다고 고집을 부렸다. '내가 당선자니까 내 마음대로 해야 한다'는 식의 오만과 독선이었다.

나는 이 과정에서 수치심과 모욕감을 느꼈다. 청와대는 싫든 좋든 대한민국 역사가 응축된 공간이다. 초대 이승만 대통령의 경무대 시절부터 민주주의와 산업화를 달성해온 대한민국의 영광과 오욕의 순간들이 대부분 청와대와 깊은 관련이 있다. 역사도 역사이거니와 청와대는 나와 나의 동료들이 땀과 열정을 바쳐 일했던 곳이다. 이런 공간이 마치 '터가 안 좋아 귀신 나오는' 집으로 취급받고 무슨 일이 있어도 한 달 안에는 이사를 가야 한다며 군사작전 하듯이 일을 추진하는 모습을 도저히 이해할 수 없었다.

한편 옮겨가는 용산 국방부는 우리 군사 안보의 컨트롤 타워가 있는 곳이었다. 국방부와 합참 등 군 주요 기관들은 어떻게 하라는 것인지 아무런 대안이나 준비도 없이 마치 집

주인이 셋방살이하는 입주자 쫓아내듯 하는 행태를 지켜보면서 민주주의의 위기가 다가오고 있음을 실감했다. 앞으로의 60개월이 암담했다. 윤석열 치하에서 나는 무엇을 해야 할지 고심하기 시작했다.

2022년 5월 9일 문재인 대통령의 임기가 종료되었다. 대통령은 9일 퇴임 연설에서 "나라다운 나라를 요구한 촛불 광장의 열망에 우리 정부가 얼마나 부응했는지 숙연한 마음이 된다"고 말했다. 퇴임사를 들으면서 나도 숙연해졌다. 아니, 숙연하다기보다는 우울하고 두려웠다.

걱정했던 대로다. 아니 그 이상이다. 무지하고 무능하며 오만과 광기에 휩싸인, 역사상 최악의 대통령이 빠른 속도로 나라를 망가뜨리고 있다. 지난 1년 8개월 짧은 기간 동안 정치·경제·민생·외교·안보 모든 영역이 급속히 무너졌다. 검찰 정권은 폭주하고 있고, 대한민국은 퇴행하고 있다. 눈 떠보니 후진국이다.

## 맺는말

## 쓰러진 곳에서 다시 시작해야 합니다.

기억을 더듬고 모아내며 다시 한번 시간의 길을 걸었습니다. 업으로 삼은 일도 아니고, 글재주도 없다 보니 많은 사람을 괴롭히며 이 책을 마무리하게 되었습니다. 사실관계를 확인하고 또 확인했습니다. 애꿎은 해를 입게 될 사람이 없는지 생각하고 또 생각했습니다.

청와대, 그것도 민정수석실에서의 저의 경험을 글로 옮기다 보니 내심 '쫄았던' 것 같습니다. 누구보다도 조국 수석님을 중심에 두고 고민을 많이 했습니다. 아시다시피 작은 꼬투리로 엉뚱한 해코지를 당하는 수상한 시절이기 때문입니다.

책을 써야겠다고 마음먹은 가장 큰 이유는 '조국의 못다한 이야기'를 전하고 싶어서였습니다. 조국 전 민정수석이 이미 여러 권의 책을 냈고, 조국 사태에 관한 영화도 만들어졌지만, 저로서는 성에 차지 않았습니다. 조국 수석이 차마 스스로 꺼낼 수 없는 이야기들이 많다는 것을 잘 알고 있기 때문입니다. 윤석열이 일으킨 검찰 쿠데타의 과정에서 잔혹하게 희생당한 조국 수석과 그 가족들의 진실에 대해 말하고 싶었습니다.

조국 수석의 짐을 함께 짊어지고 '조국에 대한 상서上書'

를 국민께 올리는 심정으로 이 책을 시작했습니다. 탈고를 하고 보니 용두사미龍頭蛇尾가 된 것 같아 걱정입니다.

독자 여러분께 올리는 '조국에 대한 상서'를 쓰기 위해서는 조국 수석은 물론 청와대 민정수석실 동료들의 동의를 모두 얻어야 가능한 일이었습니다. 민정수석실 업무의 특성 때문입니다. 민정수석실 이야기는 청와대 한 조직만의 이야기가 아닙니다. 책의 목차만 봐도 짐작하셨으리라 생각합니다. 심지어 지금도 수사 중이거나 재판 중인 사건들도 있어 섣불리 직장에 대한 개인의 회고록처럼 쓸 수 없는 이야기들입니다.

불안한 마음을 다 거두지는 못했지만, 민정수석실 동료들과 조국 수석 모두 누군가는 이를 기록으로 남겨야 한다며 동의해주었습니다. 그 고마운 마음을 언제 다 갚을지 모르겠습니다. 인생의 큰 빚을 또 졌습니다.

대통령의 공약, 대통령의 의중, 대통령의 말이 곧 민정수석실의 일입니다. 문재인 정부 민정수석실의 업무 내용만 들여다봐도 이 정부가 어떤 정체성을 가지고, 어떤 방향으로 나라를 이끌었는지 단박에 알 수 있습니다. 민정수석실의 여러 업무 중 특히 권력기관 개혁에 대한 업무 추진 과정과 결과를 중심으로 썼습니다. 문재인 정부의 개혁에 대한 윤석열 검찰의 반란에 대해서도 기록해야 했습니다. 그리고 이 모든 과정과 결과에 '조국'이 있었음을 말하고자 했습니다.

지난날 국민 위에 군림하며 정권의 보위와 자기 조직의

기득권 유지에 골몰했던 권력기관들을 국민에게 되돌려 드리기 위해 권력기관 개혁을 밀어붙이고, 검찰개혁을 단행했던 사람이 바로 조국입니다. 결코 정권의 무게로 내리누르지 않았습니다. 정확하고 면밀하게 검토해서 계획을 만들고, 정부의 선언과 부처의 선의에 머무르지 않도록 입법화와 제도화를 강하게 추진했습니다. 지난 4년여 동안 우리가 지켜보았듯이, 조국은 무소불위 검찰 권력을 견제하고 검찰을 개혁하려한 '대죄'로 온 가족이 짓밟히는 고난과 수모를 당했습니다.

안타깝게도 문재인 정부가 이루었던 권력기관 개혁 조치 중 많은 것이 윤석열 정권에 의해 무력화되기도 했습니다. 윤석열 정권은 국회가 법률로 입법해서 제도화된 개혁마저도 '시행령'이라는 꼼수로 뒤로 되돌렸습니다. 행정부의 권한행사는 입법부인 국회가 만든 법률에 따라야 합니다. 그것이 헌법이 정한 '삼권분립'의 원칙이며 '법치'입니다. 따라서 행정부가 하위 규범인 시행령으로 상위 규범인 법률을 무력화시키는 것 자체가 '쿠데타'입니다.

그러나 모든 것이 무위로 돌아간 것은 아닙니다. 무도한 윤석열 정권도 이미 제도화된 법률은 손댈 수 없고, 권력기관 개혁에 대한 국민의 열망은 더 높아졌습니다. 미완의 개혁은 반드시 다시 추진될 것입니다.

쓰러진 자리에서 다시 시작해야 합니다. 검찰 공화국을 끝내기 위해서는 문재인 대통령과 조국 민정수석이 하려고 했던 일들, 이루었던 일들을 들여다봐야 합니다. 권력의 분산은 민주공화국의 시작이기 때문입니다. 윤석열 검찰의 쿠데타는 문재인 정부의 검찰개혁으로부터 자신들의 기득권을 지키기 위한 반란이었기 때문입니다.

그래서 저는, 우리는, 눈 감지 않고 맞서야 한다고 말씀드리고 싶습니다. 설사 제가 피해를 입는다 해도 저는 멈출 생각이 없습니다. 진실은 반드시 밝혀져야 하고, 밝혀집니다. 이럴 때일수록 용기를 내야 합니다. 폭정에 맞서는 것이 정치입니다.

이 책을 읽어주신 독자 여러분께 진심으로 감사드립니다. 이제 글과 말이 아닌 연대와 실천으로, 여러분을 만나겠습니다.

조국 그리고 민정수석실
조국의 보좌관이 말하는 못다 한 이야기

초판 1쇄 2024년 2월 5일 발행

**지은이** 황현선
**펴낸이** 김현종
**책임편집** 황정원 **편집도움** 최세정 **디자인** 김기현
**마케팅** 최재희 안형태 신재철 김예리 **경영지원** 이민주 김도원

**펴낸곳** (주)메디치미디어
**출판등록** 2008년 8월 20일 제300-2008-76호
**주소** 서울특별시 중구 중림로7길 4, 3층
**전화** 02-735-3308 **팩스** 02-735-3309
**이메일** medici@medicimedia.co.kr **홈페이지** medicimedia.co.kr
**페이스북** medicimedia **인스타그램** medicimedia

ⓒ 황현선, 2024
ISBN 979-11-5706-338-3 (03300)

이 책에 실린 글과 이미지의 무단전재·복제를 금합니다.
이 책 내용의 전부 또는 일부를 재사용하려면 반드시 출판사의 동의를 받아야 합니다.
파본은 구입처에서 교환해드립니다.